AF274724

MILENA GONZÁLEZ   ANDRÉS PABÓN

EL EMOCIONARIO
DE LOS
PLANTÁNIMALS

El emocionario de los Plantánimals

Texto: © 2025 Milena González

Ilustraciones: © 2025 Andrés Pabón

Maquetación: Pleka

Revisora técnica: Mercedes Bermejo

Directora de producción: M.ª Rosa Castillo

Primera edición: noviembre 2025

© 2025 Editorial Sentir es un sello editorial de Marcombo, S. L.
    Avenida Juan XXIII, n.º 15-B
    28224 Pozuelo de Alarcón. Madrid
    www.editorialsentir.com
    Contacto: info@editorialsentir.com

Cualquier forma de reproducción, distribución, comunicación pública o transformación de esta obra solo puede ser realizada con la autorización de sus titulares, salvo excepción prevista por la ley. Diríjase a CEDRO (Centro Español de Derechos Reprográficos, www.cedro.org) si necesita fotocopiar o escanear algún fragmento de esta obra.

ISBN: 978-84-267-3914-8

Depósito legal: B 19137-2025

Impresión: Printek

Printed in Spain

Libro ecológico
Impreso con papel procedente de bosques gestionados
de manera eficiente, libre de cloro

A Andrés, mi esposo y amigo, por ayudarme a aceptarme con ternura incluso en mis momentos más difíciles; a mis tres hijos y a todos los niños que conozco, por enseñarme a recorrer el mundo de las emociones con más consciencia, amor, apertura e incondicionalidad hacia ellos, hacia los demás y hacia mí misma.

Milena González

Para May, mi compañera en la gestión de mis emociones; para mis hijos, Yanúa, Emma y Valentino; y para todos los niños y niñas del mundo: ustedes dan sentido a mi trabajo.

Andrés Pabón

INTRODUCCIÓN

Todos sentimos emociones, niños y adultos.

Desde que nacemos nos acompañan y nos ayudan a afrontar los retos del día a día. No hay emociones buenas ni malas: todas tienen una misión. El miedo nos protege, el enfado nos ayuda a poner límites, la tristeza nos alivia y la frustración nos impulsa a buscar nuevas formas.

Cada emoción tiene un talento. Algunas son agradables, como la alegría, la ilusión o el amor, que nos acercan a los demás. Otras, como el enfado, la tristeza o el miedo, pueden ser incómodas, pero también nos avisan de que necesitamos cuidarnos, o que necesitamos usar nuestra gran voz para poner límites.[1]

En este libro también conocerás sentimientos, estados afectivos y sensaciones. Las **emociones** —como miedo o alegría— aparecen rápido y nos mueven a actuar. Los **sentimientos** —como gratitud o empatía— son más duraderos y fortalecen los vínculos. Los **estados afectivos** —como calma o entusiasmo— marcan nuestro ánimo durante más tiempo. Incluso los estados físicos —como cansancio o hambre— influyen mucho en cómo nos sentimos.

Comprender todo esto nos permite conocernos mejor. Cuando aceptamos lo que sentimos como un aliado y no como un problema, podemos reconocerlo, nombrarlo y gestionarlo. Este libro quiere ayudarte a hacerlo: identificar lo que pasa en tu cuerpo, en tus pensamientos y en tus acciones, y descubrir qué puedes hacer con ello.

---

1. González, Milena (2024). *Mi gran tesoro: cuento para poner límites con asertividad*. Editorial Sentir.

Para ayudarte vas a contar con unos seres muy especiales que vienen de lo más profundo de la naturaleza: los Plantánimals,[2] son mitad planta y mitad animal que representan emociones, sentimientos y estados que todos vivimos. Aquí encontrarás treinta y cinco Plantánimals, cada uno con su historia y con herramientas sencillas: respiración, juegos, dibujo, conversación o movimiento.

Cada Plantánimal es como una llave que nos abre una parte importante de nosotros mismos. Por eso, conocerte a través de lo que sientes es una aventura valiente y preciosa.

Este libro es para ti. Para leerlo a solas o en compañía. Para abrirlo cuando te sientes feliz o cuando no entiendes del todo lo que pasa en tu interior. No es un libro que se lee una sola vez. Es un libro al que volverás muchas veces, como un diccionario que siempre está a mano para ayudarte a entender. Un libro que no tiene magia, pero sí mucha verdad, mucha escucha y muchas ideas que puedes probar y adaptar. Ojalá te acompañe siempre que lo necesites. Ojalá te ayude a cuidar lo que sientes, a respetar lo que sienten los demás y a crecer con una mirada amable, curiosa y valiente.

Si quieres recibir el regalo del libro, solo tienes que entrar en la página web www.editorialsentir.info con el código siguiente:

PLANTANIMALS26

---

2. Bermejo Boixareu, M. (2019). *Plantánimals: la emocipedia infantil*. Editorial Sentir.

1

ABURRIMIENTO

Buaaaa. Yo soy el Plantánimal Aburrimiento, mitad perro y mitad aloe vera. Aparezco cuando quieres que algo divertido pase, pero no sabes qué hacer. Entonces te sientes inquieto, como un perrito buscando compañía o como un aloe esperando agua fresca. No vengo a molestarte: llego para recordarte que el aburrimiento puede ser una puerta hacia la creatividad. Cuando me visitas, tienes la oportunidad de descubrir algo nuevo: inventar un juego, leer, probar manualidades o simplemente descansar. Así que, la próxima vez que me veas, recíbeme como una señal de que puedes parar, pensar y encontrar nuevas aventuras.

Lo que sientes cuando estoy contigo...
Cuando aparezco, tu cara cambia: los ojos miran hacia abajo, la boca se curva con desgana y tus mejillas se relajan. Tu cuerpo se siente atrapado dentro de sí mismo: te mueves sin rumbo, suspiras, muerdes un lápiz o abres la nevera sin hambre. El tiempo parece avanzar lentamente y la respiración se hace más pesada. Es una sensación incómoda, pero también trae un mensaje: quizá necesites descanso, menos pantallas o un momento de calma para recuperar energía. O tal vez sea la ocasión de preguntarte: «¿Qué puedo descubrir hoy que me entusiasme?».

Lo que piensas cuando aparezco...
Tus pensamientos se vuelven simples y repetitivos: «No sé qué hacer», «Todo me aburre hoy». Es como un cachorro con ganas de ju-

gar, pero sin un amigo a su lado. Imagina un día lluvioso: ya jugaste con tus juguetes y solo deseas que salga el sol. Cuando te sientes así, tu mente pide algo nuevo: una chispa de imaginación que convierta la espera en un momento creativo.

Lo que haces cuando estoy contigo...

Cuando me sientes dentro, empiezas a moverte buscando opciones: construyes una fortaleza de cojines, inventas una historia o pruebas manualidades. Puede que empieces con un suspiro, pero pronto puedes transformar esa sensación en ganas de crear. Yo no llego para detenerte, sino para recordarte que la imaginación está lista para lanzarte hacia una nueva aventura.

Cómo gestionarme: el termómetro del aburrimiento

El aburrimiento se puede transformar con creatividad. Imagina que usas un termómetro para medirlo:

- ❖ **Rojo (muy alto):** ya terminaste todo y no sabes qué hacer. Habla con tus padres, apagad pantallas y probad juntos algo nuevo, como cocinar una receta sencilla. Convertir el aburrimiento en una actividad compartida lo hace divertido.
- ❖ **Amarillo (medio):** el aburrimiento está presente, pero manejable. Usa ese momento para crear: haz un collage con revistas, dibuja o inventa un pequeño proyecto. Si invitas a alguien más, puede convertirse en un rato de conexión.
- ❖ **Verde (bajo):** te sientes más animado y listo para moverte. Da un paseo, lee un cuento o juega en familia. Son actividades sencillas que despiertan tu mente y te ayudan a disfrutar.

Recordatorio final

Yo, Aburrimiento, no soy un enemigo. Llego para avisarte de que necesitas parar o crear. Si me escuchas, puedes transformarme en descanso, imaginación o nuevas ideas. Recuerda: cuando aprendes a usarme, no soy un obstáculo, sino la chispa que abre la puerta a tu creatividad.

2

AGRADECIMIENTO

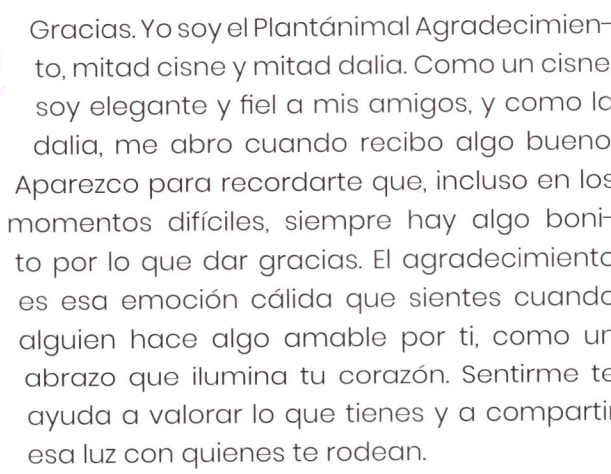

Gracias. Yo soy el Plantánimal Agradecimiento, mitad cisne y mitad dalia. Como un cisne, soy elegante y fiel a mis amigos, y como la dalia, me abro cuando recibo algo bueno. Aparezco para recordarte que, incluso en los momentos difíciles, siempre hay algo bonito por lo que dar gracias. El agradecimiento es esa emoción cálida que sientes cuando alguien hace algo amable por ti, como un abrazo que ilumina tu corazón. Sentirme te ayuda a valorar lo que tienes y a compartir esa luz con quienes te rodean.

Lo que sientes cuando estoy contigo…

Cuando llego, tu rostro se ilumina con una sonrisa suave, como un cisne flotando tranquilo. Tus ojos brillan como estrellas, tu respiración es pausada y tu corazón late con calma. Te sientes ligero, como una dalia que se abre al sol. Puedes notarme cuando un amigo te presta un lápiz, cuando mamá o papá preparan tu comida favorita o cuando alguien te ayuda en un momento difícil. Es una sensación de paz que envuelve y da calorcito al alma.

Lo que piensas cuando aparezco…

Cuando estoy contigo, piensas en la suerte de tener personas que te quieren y cuidan de ti. Puedes pensar: «¡Qué afortunado soy de tener a alguien que me ayuda!» o «Me alegra que mi hermana comparta su tiempo conmigo». Es como recibir un regalo inesperado: tu mente se llena de pensamientos positivos que te invitan a valorar lo que tienes. Igual que la dalia agradece la luz del sol, tú agradeces los gestos de quienes están a tu lado.

Lo que haces cuando me sientes...

Cuando estoy presente, sientes el deseo de dar las gracias y mostrar tu gratitud con gestos amables. Puedes sonreír a un amigo que comparte contigo, hacer un dibujo para tus padres o dar un abrazo a alguien que te apoyó. Estos pequeños actos fortalecen los lazos con las personas importantes y convierten el agradecimiento en una emoción compartida.

Cómo gestionarme: el barómetro del agradecimiento

Para aprender a cuidarme, imagina un barómetro que mide cómo brilla tu gratitud en distintos momentos del día:

❖ **Día soleado:** el agradecimiento brilla fuerte. Piensa en lo que te hizo feliz, como la ayuda con los deberes o un juego compartido. Puedes crear un bote de gratitud: escribe en papelitos cosas buenas que te pasaron y compártelas con tu familia al final del día o de la semana. Este ritual fortalece los vínculos y hace que todos se sientan valorados.

❖ **Día nublado:** el agradecimiento está escondido, como el sol tras las nubes. Busca detalles pequeños: un saludo amable, una canción que te gusta, un gesto cariñoso. Haz una lista con tus padres de esas pequeñas cosas. Así aprenderás que la gratitud no desaparece; solo necesita un empujón para salir.

❖ **Día lluvioso:** parece que nada va bien y cuesta encontrar motivos para agradecer. Es justo cuando más lo necesitas. Imagina que te atascas con una tarea escolar: hablar con un adulto te ayuda a ver el esfuerzo como una oportunidad de aprender. Puedes hacer una «lluvia de gratitud» y nombrar tres cosas que salieron bien ese día, aunque sean pequeñas. Esto despeja un poco las nubes y te enseña a encontrar la luz incluso en lo gris.

Recordatorio final

Yo, Agradecimiento, llego para enseñarte que siempre hay algo por lo que dar gracias. Cuando me practicas, tu corazón se hace más fuerte y tus relaciones más bonitas. Dar las gracias no solo cambia tu día: también ilumina el de quienes te rodean.

3

ALEGRÍA

¡Hola! Soy Alegría.[3] Llevo pétalos de margarita blanca, porque, como ella, me abro al sol y me dejo acariciar por lo bonito de cada día. Y tengo alas de pajarito amarillo, porque canto y revoloteo con entusiasmo cada vez que algo me hace sonreír. Llego cuando te sientes feliz, emocionado o agradecido por algo que sucede, aunque sea pequeñito. Estoy en un abrazo inesperado, en un juego con amigos, en una canción que te gusta o en una risa compartida. Estoy aquí para recordarte que la vida también está hecha de momentos luminosos y que, cuando me dejas estar contigo, puedo brillar dentro de ti y también iluminar a los demás.

Lo que sientes cuando estoy contigo…

Cuando estoy contigo, tu cuerpo se llena de pequeñas burbujas de felicidad. Sientes una energía que se mueve desde los pies hasta la cabeza, como un cosquilleo que te invita a saltar o bailar. Tu respiración se acelera un poco, no por cansancio, sino por emoción. El corazón late con fuerza porque está contento, y parece que toda tu energía se despierta. También se refleja en tu cara: tus ojos brillan con entusiasmo y tu sonrisa se extiende de oreja a oreja, levantando tus mejillas como si acabaras de abrir un regalo sorpresa. Es fácil

---

3. Guerrero, Rafa. (2021) *Conoce a Alegría: cuento para entender y promover la alegría en la infancia*. Madrid, editorial Sentir.

reconocerme: cuando estoy contigo, tu cuerpo y tu rostro parecen encenderse como una luz.

Lo que piensas cuando siento...

Tu mente se llena de pensamientos agradables. Recuerdas momentos bonitos o imaginas algo divertido que está por venir. A veces piensas: «¡Lo he conseguido!», cuando logras algo que antes parecía difícil. Esos pensamientos de logro y orgullo te hacen sentir seguro y te animan a seguir intentándolo. Cuando me sientes, es como si todo pareciera posible: crees en ti, en tus capacidades y en la idea de que el mundo puede regalarte cosas buenas.

Lo que haces cuando siento...

Cuando estoy a tu lado, sientes un extra de energía. Quieres cantar, bailar, correr, jugar o dar abrazos. También me encuentras en los momentos tranquilos que compartes con tu familia. Por ejemplo, cuando en casa preparáis una tarde de peli, haces palomitas o traes mantas para acurrucaros juntos en el sofá. Mientras la película comienza, te ríes, haces comentarios divertidos y disfrutas de estar acompañado. Yo estoy ahí, en la complicidad de las miradas, en las risas y en el calorcito de estar juntos.

Cómo cuidarme

La alegría es maravillosa, pero a veces crece tanto que cuesta manejarla y puedes alterarte demasiado. Para ayudarte a mantener el equilibrio, tienes dos herramientas:

❖ **El semáforo de alegría:**
   Tiene tres luces que te indican su intensidad:

   ▲ **Verde:** te sientes contento y tranquilo. Disfrutas, sonríes, compartes.
   ▲ **Amarilla:** tu alegría crece rápido. Haz una pausa, respira como si inflaras un globo muy suave.
   ▲ **Roja:** tu energía es tan alta que puede molestar y desbordarte a ti o a los demás. Coloca tu mano en el corazón, siéntelo latir. Camina despacito, dile a mamá o a papá que te froten la espalda, o haz un dibujo para soltar tanta energía.

❖ **La flor del equilibrio:**
Dibújala en una hoja. Debe tener cinco pétalos. En cada pétalo puedes escribir o dibujar cosas que te ayudan a cuidar la alegría sin perder el control y siendo empático. Puedes escoger un pétalo, o los que necesites, cuando sientas que es necesario mantener el equilibro.

- ⚘ **Pétalo 1:** respirar profunda y suavemente como si olieras una flor que te gusta mucho.
- ⚘ **Pétalo 2:** hacer una pausa y estirarte como un perrito.
- ⚘ **Pétalo 3:** invitar a otros a jugar, escuchando lo que les apetece y sin decidirlo todo tú.
- ⚘ **Pétalo 4:** saltar o bailar tu alegría en lugar de gritarla.
- ⚘ **Pétalo 5:** escuchar si alguien necesita calma.

4

AMABILIDAD

Por favor, soy el Plantánimal Amabilidad. Soy mitad capibara y mitad saúco rojo. Como el capibara, ofrezco compañía tranquila y reconfortante, y como el saúco, me entrego como un fruto generoso que alimenta el corazón. Aparezco cuando ayudas, compartes o acompañas. Ser amable no es solo decir «Gracias» o «Por favor»; también es escuchar, esperar tu turno o consolar a alguien que está triste. La amabilidad se aprende y crece con la práctica: cuanto más la uses, más fuerte me haré dentro de ti.

Lo que sientes cuando estoy contigo...
Cuando me sientes, tu rostro se suaviza y aparece una sonrisa ligera. Tus ojos brillan un poco más, tu respiración se vuelve tranquila y tu cuerpo se siente liviano, como si todo fuera más fácil. Haz la prueba: sonríe y piensa en un momento en el que fuiste amable, como cuando ayudaste a un amigo con su mochila. ¿Sientes un calorcito suave en el pecho? Esa soy yo, recordándote lo bien que se siente cuidar de alguien.

Lo que piensas cuando aparezco...

Tus pensamientos se vuelven generosos: «Quiero que se sienta bien», «¿Cómo puedo ayudar?», «Me alegra ver feliz a mi amigo». Te impulsan a actuar, como cuando ves a alguien cargado y decides ayudarle, o cuando prestas tus colores sin que te lo pidan. Pensar en el bienestar de otro sin esperar nada a cambio es el corazón de la amabilidad.

Lo que haces cuando me sientes...

Cuando llego, tus gestos se convierten en regalos: compartes tu merienda, ofreces un abrazo, consuelas a quien llora o invitas a jugar a quien está solo. También dices «Gracias» con sinceridad o «Te ayudo» con naturalidad. Pequeños gestos que pueden parecer sencillos, pero que transforman los días de los demás.

Cómo cuidarme: el radar de los buenos tratos

Tengo un superpoder para ti: el radar de los buenos tratos. Vive en tu corazón y te ayuda a captar cuándo alguien necesita un gesto amable... y también cuándo tú necesitas cuidarte.

Para activarlo, cierra los ojos y respira hondo. Imagina antenitas suaves en tu pecho. Pregúntate: «¿Alguien está triste?», «¿Yo necesito una pausa?», «¿Estoy cansado de dar sin recibir?». Tu radar lo capta todo. Y recuerda: si notas que alguien no es amable contigo, puedes pedir ayuda a un adulto de confianza o alejarte. Cuidarte también forma parte de ser amable.

El *collage* de la amabilidad

Para fortalecerme, crea tu propio *collage de la amabilidad*:

1. Dibuja un gran corazón en una hoja.
2. Alrededor, pega recortes, escribe palabras o dibuja momentos en los que fuiste amable o alguien fue amable contigo.
3. Añade un espacio para la amabilidad hacia ti mismo: darte descansos, poner límites, pedir ayuda cuando lo necesites.

Mientras lo haces, tus padres pueden acompañarte con preguntas como:

- ❖ «¿A quién le regalarías un gesto amable hoy?».
- ❖ «¿Cómo notas si alguien no te trata bien?».
- ❖ «¿Qué puedes hacer para cuidarte tú también?».

Recordatorio final

Yo, Amabilidad, aparezco para recordarte que cada gesto cuenta. Cuando me practicas, plantas flores en el corazón de los demás y también en el tuyo. Y esas flores, si las riegas con constancia, harán del mundo un lugar más tierno y luminoso.

5

AMOR

¡Mmmmm! Has llegado al corazón del amor. Soy el Plantánimal Amor.[4] y vengo a recordarte que querer y sentirse querido es una de las experiencias más bonitas que tenemos. Soy mitad árbol, un baobab de África, porque aporto base segura y solidez, incluso en el desierto. Y mitad oso panda, suave y abrazador, porque disfruto demostrando cariño y estando cerca de quienes quiero. El amor no es solo un sentimiento, también se cultiva: con miradas que escuchan, palabras que cuidan y gestos que abrigan. Estoy muy presente cuando abrazas a tu familia, compartes tu merienda o acaricias a tu mascota. Amor es la emoción que te recuerda que no estás solo y que tienes un lugar especial en el corazón de alguien.

Lo que sientes cuando estás conmigo...
Cuando aparezco, tu pecho se llena de calorcito, como si una manta suave te envolviera desde dentro. Tu cuerpo se relaja, tu respiración se hace tranquila y puede que sonrías sin darte cuenta. A veces notas mariposas en la barriga, no por nervios, sino por

---

4. Saguar, Beatriz y Nicolás (2022). *Encuentra a Amor: cuento para aprender a conocer y expresar el amor en la infancia*. Editorial Sentir. Madrid.

una alegría serena. Tu rostro también cambia: los ojos brillan, la sonrisa es sincera y la expresión es la misma que pones al reencontrarte con alguien a quien extrañabas. Es una emoción que te hace sentir cuidado, seguro y en casa.

Lo que piensas cuando sientes...

El amor también se refleja en los pensamientos. Piensas: «Qué suerte tengo de estar con mi familia», «Me encanta jugar con mis amigos» o «Quiero que esta persona sepa cuánto la quiero». También surgen ideas de cuidado: «¿Qué puedo hacer para que mi amigo esté mejor?» o «Le daré un beso a mi peluche antes de dormir». El amor no piensa solo en uno mismo, también se pregunta cómo hacer que los demás se sientan queridos y acompañados.

Lo que haces cuando sientes...

Cuando me sientes dentro, tienes ganas de dar abrazos, decir «Te quiero», compartir un juguete o escribir una nota bonita. A veces se traduce en gestos sencillos: ayudar a recoger, escuchar con atención, acompañar a alguien que está triste o simplemente sentarte cerca. Igual que un árbol da sombra y un oso ofrece calor, tú puedes cuidar con tus acciones y tu forma de estar. El amor invita a estar presente, con ternura y sin prisas.

Cómo cuidarme...

Aunque el amor es precioso, también necesita equilibrio. A veces puedes dar tanto que te olvidas de ti mismo, o mostrar cariño de una forma que no resulta cómoda para la otra persona. Para aprender a reconocer estas situaciones, puedes usar el semáforo del amor:

- ❖ **Rojo:** cuando quieres tanto que te olvidas de ti. Por ejemplo, si das siempre sin recibir o si alguien a quien quieres no te trata bien. Es momento de parar y preguntarte: «¿Estoy cuidando de mí también?». Pedir ayuda a un adulto puede ayudarte a poner límites, que también es una forma de quererse.
- ❖ **Ámbar:** cuando tu forma de querer necesita equilibrio. Pregúntate si lo que haces resulta agradable y respetuoso para la otra persona. Amar también significa reconocer sus límites.

- ❖ **Verde:** cuando el amor es equilibrado y sereno. Este es el mejor momento para compartir. Puedes hacer un dibujo lleno de corazones, escribir un mensaje cariñoso o crear tu propio rincón del cariño.

El rincón del cariño

Puedes crearlo en casa con cojines, fotos, cuentos o peluches que te reconforten. Escoge lo que te haga sentir a gusto. Allí podrás ir cuando necesites calma, seguridad o un ratito de paz. Si compartes ese espacio con tus adultos favoritos, puedes leer juntos, daros un abrazo o, simplemente, estar en silencio. Porque el amor no siempre necesita palabras: a veces basta con estar presentes, mirarse y sonreír.

Recordatorio final

Yo, Amor, soy como una semilla que crece cuando se riega con gestos, palabras y escucha. No aparezco solo en los grandes momentos, también en los detalles pequeños de cada día. Cada vez que cuidas y dejas que te cuiden, yo florezco. Y, cuanto más se reparte, más crece, y el mundo entero se llena de un poquito más de ternura y esperanza.

6

ASCO

¡Puaj! Soy el Plantánimal Asco, mitad mofeta y mitad rafflesia. Como ellos, puedo provocar gran desagrado, pero también cumplo una función muy importante: protegerte. Aparezco cuando ves, hueles o pruebas algo repugnante, y tu cuerpo reacciona rápido para mantenerte a salvo. Como cuando hueles leche agria o ves un insecto en tu bebida, yo hago que retrocedas antes de que te haga daño. A veces incluso parezco gracioso, porque te hago sacar la lengua o dar un paso atrás de golpe. Pero, aunque mis reacciones sean rápidas, estoy aquí para cuidar tu salud.

Lo que sientes cuando estoy contigo...

Cuando aparezco, tu cara se transforma en una mueca: arrugas la nariz, frunces el ceño y sacas la lengua, como si olieras algo horrible. Intenta poner cara de asco ahora mismo: verás cómo tu cuerpo lo siente enseguida. Tu respiración se acorta y quieres apartarte de lo que lo causa. Imagina que pisas una caca de perro en el parque: al instante sientes arcadas y un fuerte deseo de correr al grifo más cercano. Esa reacción rápida es mi manera de mantenerte protegido.

Lo que piensas cuando aparezco...

Tus pensamientos son automáticos: «¡Qué desagradable!», «¡Quiero alejarme ya!». Ocurren cuando pruebas un alimento que no te gusta, cuando alguien estornuda sin cubrirse o cuando hueles algo en mal estado. Estos pensamientos buscan soluciones rápidas: tirar, limpiar, apartarte. Son normales y te ayudan a reaccionar, aunque también es importante aprender a expresarlos con cuidado para no herir a otras personas.

Lo que haces cuando me sientes...

Cuando llego, sueles alejarte, cubrirte la nariz, lavarte las manos o pedir ayuda a tus adultos favoritos. Tal vez grites: «¡Qué asco!» mientras corres a mamá o papá para que retiren lo que te incomoda. Es parte de cómo gestionas mi presencia. Con el tiempo, puedes aprender a tolerar algunas cosas que al principio te desagradan. Incluso descubrir que ciertos alimentos, aunque su aspecto no te guste, pueden ser sabrosos y nutritivos si te animas a probarlos.

Cómo gestionarme: la brújula del respeto

Sentir asco es natural y útil, pero también debemos aprender a manejarlo de forma respetuosa. Aquí es donde entra la **brújula del respeto**, que nos ayuda a orientarnos para no herir a los demás con nuestras reacciones.

- ❖ **Ejemplo en casa:** si alguien cocina algo que no te gusta, en lugar de decir «¡Qué asco!», puedes agradecer: «Gracias por cocinar, creo que prefiero otra cosa ahora». Así expresas lo que sientes sin despreciar el esfuerzo de quien lo preparó.
- ❖ **Ejemplo en el colegio:** si un compañero tiene mal olor, no sirve apartarse riendo o criticar. En cambio, puedes pensar cómo ayudarle sin hacerlo sentir mal. Quizás hablar en privado con él, compartir tu experiencia («A mí también me pasó una vez») o pedir a un adulto que intervenga con cuidado.
- ❖ **Ejemplo contigo mismo:** si algo te produce repulsión, pregúntate: «¿Es peligroso o solo es diferente a lo que estoy acostumbrado?». Esa reflexión te ayuda a diferenciar cuándo el asco te protege y cuándo es una oportunidad para abrir tu mente.

Recordatorio final

Yo, Asco, aparezco para avisarte de un posible peligro y ayudarte a reaccionar rápido. Pero también puedo enseñarte empatía: no todo lo que me provoca rechazo es malo, y no todas mis reacciones deben expresarse de manera brusca. Con la brújula del respeto aprendes a cuidarte sin herir a otros. Así descubres que, incluso en lo desagradable, hay espacio para la bondad y la consideración.

7

CALMA

¡Shhhh! Soy el Plantánimal Calma: mitad rana y mitad nenúfar. Quiero que cierres los ojos e imagines a una tranquila rana que descansa sobre su hoja, flotando suavemente en el agua. Se siente segura, serena y disfruta del arrullo del viento y el calor del sol. ¿Cuándo te sientes así, como la rana en su nenúfar?

Lo que sientes cuando estoy contigo...
Cuando llego, tus hombros bajan y tu cuerpo se siente ligero. Respiras despacito: inhalas por la nariz y exhalas por la boca. Tu corazón late suave y tu rostro refleja paz, con una sonrisa serena. Puedes imaginarlo ahora: cierra los ojos, relaja tus mejillas y dibuja una pequeña sonrisa, como si pensaras en tu lugar favorito.

Lo que piensas cuando aparezco...
Tus pensamientos se vuelven claros y tranquilos, como nubecitas que flotan en el cielo. Piensas en cosas que te hacen sentir feliz y seguro: un juego en el parque, un libro que te gusta, un abrazo largo. En calma, tu mente se despeja y encuentras soluciones con más facilidad. Esa es la magia que te regalo: una mente ligera que piensa mejor cuando está relajada.

Lo que haces cuando me sientes...
Cuando estoy en ti, tus gestos son suaves, como una rana que descansa en el agua. Tal vez lees en silencio, dibujas con muchos

colores o escuchas tu música favorita. También puedes cerrar los ojos y respirar hondo, disfrutando del momento como la rana al sol. Conmigo descubres alegría en lo sencillo y encuentras paz en tu entorno.

El pulsómetro del nenúfar

La calma es como un pulsómetro que marca cuándo todo fluye bien. Pero a veces la vida se agita como olas del mar y la serenidad parece alejarse. Lo importante es recordar que siempre puedes regresar a tu nenúfar interior. Reconocer cómo te sientes, hablarlo con quienes quieres y volver a respirar ayuda a recargar energía y equilibrio.

La respiración del nenúfar

¿Quieres saber cómo lo hace la rana? Imagina tu dedo índice como si fuera ella subiendo una montaña suave. Inhala por la nariz mientras subes el dedo lentamente. Haz una pausa arriba, como si tomara el sol, y luego exhala por la boca mientras bajas el dedo, regresando al nenúfar. Repite tres veces: subir, pausar y bajar. Poco a poco, todo tu cuerpo se sentirá tranquilo.

Por qué funciona

Cuando practicas esta respiración lenta y acompasada, tu cuerpo recibe el mensaje de que no hay peligro. El corazón late más despacio, los músculos se relajan y los pensamientos se aclaran. El movimiento de subir y bajar el dedo crea un ritmo predecible, como una canción tranquila que tu cuerpo reconoce. Al añadir la imagen de la rana flotando, la calma se fortalece desde el cuerpo y la mente a la vez.

Un regalo compartido

Este ejercicio no es solo para ti: papás, mamás y educadores también pueden hacerlo. Practicar juntos fortalece los lazos y enseña que autorregularse no significa reprimir lo que sentimos, sino cuidarlo con atención. Cada vez que vuelves a tu nenúfar, aprendes que la calma siempre está dentro de ti, esperando a ser encontrada.

8

CANSANCIO

Zzz... Soy el Plantánimal Cansancio. Soy mitad oso perezoso, porque cuando llego te invito a moverte lento, a dejar de correr y abrazar el descanso. Y soy mitad jazmín, porque mi presencia es suave, como un perfume que calma. Aparezco después de un día lleno de juegos, escuela o emociones intensas. No soy una molestia: soy un aviso cariñoso de que necesitas parar, respirar y cuidarte. Descansar no es perder el tiempo... ¡es recargar energía para volver a disfrutar!

Lo que sientes cuando estoy contigo...

Cuando llego, tu cara lo muestra: los párpados bajan, los ojos pierden brillo y tu cuerpo parece más pesado. Bostezas una y otra vez o arrastras los pies al caminar. Tu respiración se hace lenta, y el corazón va despacio, como si todo quisiera tomarse una pausa. Haz mi cara: relájate como un oso colgado de una rama. Me sientes después de correr en el parque o al volver de la escuela tras un día intenso. Tu cuerpo y tu mente dicen: «Necesito parar un rato».

Lo que piensas cuando me sientes...

Cuando me haces espacio, piensas: «Solo quiero tirarme en el sillón» o «Estoy agotado y no entiendo por qué». A veces no logras concentrarte, ni siquiera en lo que normalmente disfrutas. Tus pensamientos buscan un rincón tranquilo para descansar, y todo parece más lento o nublado.

Lo que haces cuando aparezco....

Cuando estás conmigo, puedes ponerte irritable, decir «No» a todo o llorar sin razón clara. A veces te cuesta escuchar, compartir o seguir instrucciones. Quizá pelees en un juego por cosas pequeñas o te quedes callado, acostado en el sofá sin darte cuenta. Cada cuerpo avisa de manera distinta, y todas son señales de que es momento de parar.

Acompáñame con el rincón nube:

El rincón nube es un espacio suave y acogedor donde puedes ir cuando ya no puedes más. Busca en casa un rincón con una manta, cojines o un peluche. Tal vez un adulto pueda ayudarte a prepararlo: «¿Y si creamos un lugar blandito donde tú y tu cuerpo puedan descansar?». Allí puedes tumbarte como un perezoso, cerrar los ojos, respirar bajito o simplemente estar en silencio sin que nadie te meta prisa.

Puedes también estirarte despacio como una rama flexible. Ponte de pie, levanta los brazos suavemente y déjalos caer hacia un lado, luego hacia el otro, como si el viento te moviera con cariño. Después, túmbate boca arriba y pon tu peluche favorito sobre tu tripita. Respira hondo por la nariz y mira cómo sube y baja al ritmo de tu respiración. Hazlo varias veces: es como acunar al peluche solo con tu aire.

Cuando paras, tu cerebro ordena pensamientos, recarga energía y encuentra nuevas ideas. A veces creemos que siempre tenemos que estar haciendo cosas, pero no es verdad: parar también es hacer algo importante. Escucharte para decir «Hoy necesito descansar» es una forma hermosa de cuidarte.

9

CARIÑO

¡Muac! Soy el Plantánimal Cariño, mitad caballito de mar y mitad flor cala. Como el caballito de mar, elijo con quién quedarme; como la cala, abrazo suavemente con mis pétalos blancos. Aparezco en los abrazos tiernos, en las palabras dulces y en los gestos que hacen sentir seguros. Estoy cuando alguien te arropa de noche, cuando tu mascota se acurruca contigo o cuando recibes una sonrisa llena de ternura. Soy como una mantita que cubre tu corazón y te anima a cuidar y a compartir.

Lo que sientes cuando estoy contigo...

Cuando aparezco, tu rostro se ilumina: los ojos brillan, la sonrisa es suave y tus hombros se relajan. Haz la prueba: piensa en alguien que te haya dicho «Te quiero» y siente ese calorcito que abraza tu pecho desde dentro. Tu respiración se vuelve tranquila, el corazón late despacio y todo tu cuerpo se siente cómodo, como un caballito de mar flotando feliz en el agua.

Lo que piensas cuando aparezco...

Tus pensamientos se llenan de ternura: «Quiero cuidar a mi mascota», «Me gusta estar con mamá», «Ojalá mi amigo esté mejor». Son ideas que nacen del deseo de acompañar, como el caballito que nunca se separa o la flor cala que abraza sin apretar. Puedes pensarlo cuando haces un dibujo para papá, escribes una nota bonita o animas a tu mejor amigo en un día triste.

Lo que haces cuando me sientes...

Cuando estoy contigo, tus gestos se transforman en cuidados. Das un abrazo, compartes tu juguete favorito o dices: «Me gusta estar contigo». También puedes tapar a tu hermanito si se queda dormido, cuidar una planta, escribir una carta o simplemente sentarte cerca de alguien. Incluso sin palabras, tu presencia ya transmite cariño.

Cómo cuidarme: el mapa de las emociones con títeres

El mapa de las emociones es como un tesoro que te guía hacia el cariño. Con ayuda de tus adultos de confianza, puedes preguntarte:

- ❖ «¿A quién quiero mostrar cariño hoy?»
- ❖ «¿Cómo puedo hacerlo sin invadir su espacio?»

Recuerda: el cariño siempre respeta límites. Preguntar «¿Quieres un abrazo?» es tan importante como darlo.

Puedes usar este mapa para pensar en acciones sencillas:

- ❖ Hacer un dibujo para alguien a quien extrañas.
- ❖ Preparar una sorpresa en casa.
- ❖ Escribir una nota bonita para un amigo o para ti mismo.
- ❖ Sentarte cerca de alguien que parece necesitar compañía.

Si te cuesta expresar lo que sientes, prueba con un títere, un peluche o un muñeco. Ese personaje puede hablar por ti, decir «¿Quieres jugar conmigo?» o «Estoy contigo». Es como si tu cariño saliera disfrazado, pero con el corazón muy despierto. Hablar a través de un títere puede ayudarte cuando las palabras no salen solas o cuando necesitas practicar.

Cariño hacia uno mismo

No olvides que también mereces tu propio cariño. Eso significa tratarte con respeto, descansar cuando lo necesitas, hablarte con amabilidad y buscar espacios donde te sientas seguro.

Recordatorio final

Yo, Cariño, te acompaño para que compartas ternura y cuidados con los demás y contigo mismo. Cada gesto mío, por pequeño que sea, hace crecer la confianza, la unión y la calidez a tu alrededor.

10

CELOS

¡Jo! Soy el Plantánimal Celos. Soy mitad hiedra, porque cuando quiero mucho algo o a alguien me enredo sin darme cuenta y me cuesta soltar. Y soy mitad canguro, porque salto enseguido cuando algo que siento importante parece alejarse. Cuando llego, no es porque seas malo o mala, sino porque temes perder cariño, atención o algo valioso. A veces aparezco cuando tu hermanito recibe un abrazo y tú no, o cuando ves a tu mejor amigo jugar con alguien más. Mi misión es ayudarte a reconocer lo que sientes y expresarlo de una manera amorosa, sin herir ni quedarte atrapado en el enfado. Porque cuando me entiendes, puedo transformarme en algo más suave: el deseo de amar y ser amado.

Lo que sientes cuando estoy contigo...

Cuando aparezco, tu cara se frunce o se pone seria: quizás te muerdas los labios, cruces los brazos o mires de reojo. Tu cuerpo se tensa, el corazón late más rápido y sientes un nudo en la tripa. Incluso puedes respirar más corto, como si algo te faltara. Imagina que mamá juega con tu hermano o que tu mejor amiga se sienta con otra persona: ahí me haces presente. Como hiedra, me aferro; como canguro, salto porque no sabes cómo calmar lo que arde por dentro.

Lo que piensas cuando me sientes...

Cuando estoy contigo, tu mente dice cosas como: «Ya no me quieren igual», «Seguro me van a olvidar» o «¿Por qué no me eligieron a mí?». Es como si una vocecita pequeña te hiciera sentir menos importante. A veces piensas que debes competir o hacer algo para volver a ser visto. Igual que la hiedra busca un lugar donde sujetarse, tus pensamientos se aferran al miedo de perder lo que amas. Pero no olvides: no todo lo que piensas en esos momentos es real, aunque parezca muy intenso.

Lo que haces cuando me siento en ti...

Cuando llego, puedes reaccionar de forma impulsiva: gritar, empujar, llorar o decir cosas que no sientes. También puedes cerrarte, dejar de jugar o quedarte callado y triste. Si tu hermana recibe un regalo y tú no, quizá escondas el suyo o digas que no lo quieres. Si ves a mamá abrazar a otro niño, puedes enfadarte y poner cara seria. En realidad, todo eso es mi manera de pedirte: «¡Mírame, necesito sentirme importante también!».

Gestionando los celos con la caja del poder personal

Los celos aparecen cuando piensas que alguien más tiene lo que tú también deseas: cariño, atención, reconocimiento. Entonces parece que tu valor se encoge, aunque no es así. Tú sigues siendo único y especial. Para recordarlo, puedes crear tu caja del poder personal.

Busca una cajita, una lata decorada o haz una con cartón. Dentro guarda todo lo que te recuerde tu lugar especial en el corazón de quienes te quieren. Puedes incluir:

❖ Recuerdos de momentos en que recibiste amor («Cuando me preparaste mi comida favorita», «Cuando me abrazaste y me escuchaste»).
❖ Cualidades tuyas que te hacen especial (algo que sabes hacer bien, una frase amable que dijiste, un dibujo que regalaste).
❖ Fotos, palabras mágicas o pegatinas que te hagan sonreír.

Cuando los celos te visiten y te hagan sentir pequeño, abre tu caja. Mira dentro, recuerda y repite: «Mi lugar en el corazón de los demás no desaparece cuando otro brilla. Yo también brillo». Mamá, papá u otro adulto de confianza pueden ayudarte a añadir nuevos recuerdos cada vez que descubras algo valioso en ti.

La caja del poder personal no está hecha para competir. Está hecha para recordarte que siempre hay espacio para ti en el corazón de quienes te aman, incluso cuando otros reciben atención.

11

CONFIANZA

¡Yo puedo! ¡Soy el Plantánimal Confianza! Soy mitad roble fuerte y mitad elefante sabio. No necesito gritar ni fingir valentía. Mi fuerza está en la calma, en saber que, aunque algo no me salga perfecto, puedo intentarlo otra vez. Ser como yo es caminar paso a paso, con seguridad en lo que ya sabes y también en lo que aún estás aprendiendo. La verdadera confianza se construye cuando te aceptas como eres, con tus aciertos y también con tus dudas. Aparezco cuando aprendes a decirte: «No lo sé aún, pero puedo aprender».

Lo que sientes cuando estoy contigo...

Cuando me acompañas, tu cara se relaja y tus ojos brillan como si supieras que todo estará bien. Te paras derecho como un roble, y caminas firme como un elefante. Tu corazón late tranquilo, tu respiración es profunda y no sientes la necesidad de esconderte. ¿Quieres probar? Boca serena, mirada atenta, cuerpo firme... ¡como si nada pudiera tumbarte! Me puedes sentir cuando te animas a subir al tobogán más alto, cuando hablas en clase aunque no estés del todo seguro, o cuando te atreves a preguntar algo que no entiendes. Mi presencia es suave pero poderosa, como una raíz que sostiene desde dentro.

Lo que piensas cuando aparezco...

Cuando estoy contigo, piensas: «Lo intentaré», «Puedo aprender», «Está bien no saberlo todo». No necesitas demostrar nada ni compararte con nadie. Como yo, sabes que no hay prisa y que cada paso cuenta. Si estás practicando una canción nueva en el piano o aprendiendo a nadar, tus pensamientos no te apuran: te acompañan con calma. Puedes incluso pensar: «Sé que me voy a equivocar, pero lo volveré a intentar». Esos pensamientos se vuelven aliados, recordándote que equivocarse no es fallar, sino aprender.

Lo que haces cuando me sientes...

Cuando confías, actúas con serenidad. Te atreves a participar en un juego nuevo, a hablar con alguien que apenas conoces o a pedir ayuda si no entiendes algo. No te paraliza el miedo a fallar porque sabes que todos aprendemos equivocándonos. Puedes levantar la mano para dar tu opinión, leer en voz alta o intentar una tarea difícil. No lo haces por lucirte, sino porque confías en que, si te equivocas, podrás seguir aprendiendo.

El escudo de la confianza

La confianza no siempre está presente. A veces se esconde, otras crece como una semilla que se convierte en roble. Para ayudarla a crecer, puedes construir tu propio escudo de la confianza.

En un folio dibuja un escudo grande. Dentro, escribe o dibuja todo lo que te da fuerza:

- ❖ «Sé pedir ayuda».
- ❖ «Aprendí a atarme los zapatos».
- ❖ «Me animé a hablar en clase».
- ❖ «Estoy esforzándome con algo difícil».

Añade también a las personas que te cuidan, los lugares donde te sientes seguro y las habilidades que estás aprendiendo. Decóralo con símbolos que te inspiren: un roble firme, un elefante sabio, una estrella brillante. Tu escudo es único, como tú.

Cuando la confianza se debilite, míralo y recuerda lo que ya lograste. No se trata de fingir que puedes con todo, sino de recordarte que crecer significa intentarlo, equivocarte y aprender. La confianza no es perfección: es dar un paso aunque aún no sepas cómo será el siguiente.

12

CULPA

¡Lo siento! Soy el Plantánimal Culpa. Soy mitad tortuga galápago y mitad arbusto pesado. Cuando aparezco, no es porque sea mala, sino porque quiero ayudarte a darte cuenta de que algo que hiciste pudo causar daño. Me muevo despacito porque necesito tiempo para pensar. Soy como una mochila llena de piedras que cargas sin darte cuenta. Pero tengo un secreto: si te detienes, hablas con alguien de confianza y pides perdón, puedes soltar esas piedras y sentirte más ligero. No vengo a castigarte, vengo a ayudarte a crecer y aprender.

Lo que sientes cuando estoy contigo...

Cuando me acompañas, tu mirada baja, tus cejas se juntan y tus hombros se encogen, como si te escondieras en un caparazón. ¡Pon mi cara ahora! Parece que llevas un peso sobre la espalda. Tu respiración se hace corta y tu corazón late rápido, no por miedo, sino por la preocupación de haber hecho algo mal. Puedes sentirme si rompiste un juguete que no era tuyo y no dijiste nada, o si empujaste a alguien sin reconocerlo.

Lo que piensas cuando aparezco...

Cuando estoy cerca, tu mente dice: «No debí hacerlo», «¿Y si se enojan?» o «Quiero arreglarlo, pero no sé cómo». A veces dudas:

«¿Fue mi culpa?», y tu cabeza da vueltas. Por ejemplo, si discutiste con un amigo y dijiste algo feo, me sentirás mientras piensas en cómo disculparte o en cómo podrías haber actuado distinto.

Lo que haces cuando me sientes...

Cuando aparezco, puedes esconderte, quedarte callado o evitar a la persona a la que crees haber lastimado. Quizás digas que no fuiste tú, aunque sí lo fuiste, o te pongas muy serio de repente. También puedes quedarte pensando en eso mucho tiempo. Por ejemplo, si rompiste una regla en casa, podrías encerrarte en tu cuarto o intentar portarte perfecto para que no se note. Son intentos de tapar tu culpa, aunque lo que realmente necesitas es reconocerla y repararla.

Gestiona la culpa con la carta que aligera el corazón

La culpa es una brújula emocional: aparece para decirte que algo necesita tu atención. No está aquí para castigarte, sino para mostrarte cómo reparar. A veces viene acompañada de vergüenza, tristeza o miedo, pero también trae una oportunidad: aprender.

Te propongo un ejercicio: escribir una carta que no necesitas entregar. Busca un folio y empieza con frases como:

- ❖ «Lo que hice fue...».
- ❖ «En ese momento me sentí...».
- ❖ «Ahora me doy cuenta de...».
- ❖ «Me gustaría decirte que...».

Puedes guardarla, romperla o leerla junto a un adulto. Lo importante es reconocer lo que pasó y pensar en cómo reparar. Y, si te animas, después puedes hacer un dibujo, escribir otra carta para dar de verdad o simplemente acercarte y decir con sinceridad: «Lo siento, me equivoqué».

Si te cuesta, puedes envolverte en una manta, respirar como una tortuga tranquila y darte tiempo para pensar. También puedes dibujar tu culpa con colores oscuros y luego añadir luz al papel cuando encuentres una forma de hacer las paces.

Porque sentir culpa no significa que seas malo. Significa que te importa. Y cuando escuchas lo que la culpa quiere enseñarte, descubres algo valioso: que pedir perdón y reparar también te ayuda a crecer.

13

DESILUSIÓN

¡Oh! Soy el Plantánimal Desilusión, mitad coral y mitad suculenta sin flor. Como coral, necesito del agua para vivir, y cuando me falta siento que me quedo sin fuerzas. Como suculenta, puedo soportar un poco de tristeza que me ayuda a aprender, pero demasiada me pesa y me ahoga. Estoy aquí para enseñarte que la desilusión aparece cuando algo no sale como esperabas, pero también puede ayudarte a crecer y a valorar lo que sí tienes. Dime, ¿te has sentido desilusionado últimamente?

Lo que sientes cuando estoy contigo...

Cuando llego, tu cara refleja un dejo de tristeza: los ojos miran hacia abajo y la boca se curva en forma de "u" invertida. Puedes sentir pesadez en el cuerpo, como una suculenta con demasiada agua. Tu respiración se vuelve lenta y el corazón late con menos entusiasmo, como si el ánimo hubiera bajado. Imagina que esperabas con ilusión ir al parque de atracciones y, justo ese día, cae una gran lluvia. Esa mezcla de cansancio y desaliento es mi manera de hacerte saber que algo importante no salió como querías.

Lo que piensas cuando aparezco...

Cuando me sientes cerca, tu mente repite frases como: «Esto no era lo que esperaba» o «¿Por qué no salió bien?». Si participas en un concurso de dibujo y no ganas, puedes pensar: «No soy lo bastante bueno». Pero también puedes cambiar la mirada y pensar: «Lo intenté, aprendí nuevas técnicas y la próxima vez lo haré mejor». La desilusión nos invita a reconocer el dolor, pero también a buscar aprendizajes y a seguir adelante con esperanza.

Lo que haces cuando estoy contigo...

Cuando me instalo, puedes mostrar tristeza o decepción. Quizá te alejes un poco, hables menos o incluso quieras estar solo. Imagina que confías un secreto a un amigo y él lo comparte sin permiso. Te invade una gran desilusión, como si el coral se quedara sin agua. Tal vez dejes de hablarle un tiempo porque te sientes herido. Eso es normal: es tu corazón mostrando que algo que valorabas se rompió. Pero, después de un rato, puedes animarte a compartir lo que sientes con otro amigo o con un adulto de confianza. Hablar de la desilusión te ayuda a comprender mejor la situación, decidir cómo actuar y aprender del valor de la confianza y de la amistad.

Cómo gestionarme: el dibujo del cuerpo herido y sanado

Tengo una herramienta para ti: el dibujo del cuerpo herido y sanado. Toma una hoja y divídela en dos. En un lado, dibuja cómo se sintió tu cuerpo o tu corazón en el momento de la desilusión: una nube gris en el pecho, una roca en la barriga o un color que no querías ver. En el otro lado, dibuja cómo te gustaría sentirte al sanar: más ligero, con luz, con ganas de volver a confiar. No hay formas correctas; solo importa que reflejes lo que sientes.

Usa tu termómetro emocional:

- ❖ **Rojo (alta intensidad):** al comenzar, puedes sentir mucha tristeza o frustración, como un coral fuera del agua. Está bien, tómate tu tiempo.
- ❖ **Amarillo (media):** mientras dibujas o compartes con alguien, la desilusión empieza a moverse, como agua que nutre la tierra.
- ❖ **Verde (baja):** al terminar, tal vez te sientas más en calma, como un coral que regresa al mar o una planta que vuelve a florecer.

Recordatorio final

Yo, Desilusión, no llego para hundirte, sino para recordarte que incluso los tropiezos enseñan. Cuando me dibujas, me hablas y me compartes, empiezo a pesar menos. Y poco a poco descubres que detrás de mí también puede crecer la esperanza.

DOLOR

¡Auch! Yo soy el Plantánimal Dolor, mitad abeja y mitad zarza. Soy como el aguijón que pncha o los pinchos que raspan. Cuando aparezco, siento intenso y llamo tu atención. Así ccmo una tirita protege una herida en la piel, también es importarte cuidar lo que duele en el corazón. Aunque quieras evitarme, debo decirte que soy un maestro: enseño a reconocer lo que importa, a detenerse y a crecer en resiliencia. Cuando me escuchas, puedes preguntarte: «¿Qué he aprendido de este dolor?». Y descubrir que no estás solo, porque papá, mamá o personas que te quieren están contigo para acompañarte.

Lo que sientes cuando estoy contigo...

Cuando llego, tu rostro cambia: la frente se frunce, los ojos se entrecierran y aparece una expresión seria, como si hubieras tocado una zarza. Puedes sentirme en el cuerpo, como cuando te golpeas un dedo contra la cama, o en el corazón, como cuando un amigo dice algo hiriente. Tu respiración se acelera o se corta y el corazón late deprisa, ayudándote a enfrentar lo que sucede.

Lo que piensas cuando aparezco...

Tus pensamientos suelen decir: «¿Por qué me pasa esto?» o «No es justo». Es como cuando un amigo se va y lo extrañas, o no te invitan a una fiesta y crees que no te quieren. Estos pensamientos reflejan la herida emocional y son parte del proceso de entender lo que duele.

Lo que haces cuando me sientes...

Cuando me tienes, a veces te alejas y buscas un rincón para estar solo. También puedes buscar consuelo y contárselo a alguien de confianza. Hablar organiza tu mente: lo que parece un caos, como una sopa de letras, empieza a ordenarse cuando pones palabras. Compartir lo que sientes te conecta otra vez con quienes pueden ayudarte.

Gestionando el duelo: ritual del recuerdo

El dolor se hace fuerte cuando perdemos algo o a alguien importante: una mascota, un objeto querido, un amigo que se mudó o un familiar que ya no está. Es normal que se mezclen tristeza, enojo o confusión. El duelo enseña a valorar recuerdos y a seguir adelante sin olvidar.

* ❖ **Rojo (duelo intenso):** cuando todo pesa demasiado. Puedes sentir que nada tiene sentido. Aquí es útil un ritual de despedida: encender una vela, dibujar lo que extrañas o contar un recuerdo especial. También puedes hablar con un adulto o con un psicólogo que te escuche sin juzgar. Nombrar lo que sientes no te hace débil, te hace humano.
* ❖ **Amarillo (duelo moderado):** el dolor baja un poco, pero sigue presente. Es buen momento para crear una cajita de memoria con dibujos, fotos u objetos que recuerden lo perdido. También puedes escribirle una carta contando lo que significó para ti. Si aún eres pequeño, un adulto puede escribir por ti. Otra idea es crear un objeto especial, como un peluche o cojín con prendas de esa persona, que te ayude a recordarla con ternura.
* ❖ **Verde (duelo suave):** aquí el recuerdo se transforma en luz. Empiezas a sonreír en lugar de llorar, porque lo vivido se convierte en fortaleza. Puedes hacer un dibujo colorido o inventar una historia inspirada en lo aprendido. El recuerdo no se borra: se transforma en algo que llevas dentro y que te acompaña siempre.

Recordatorio final

Yo, Dolor, no aparezco para destruirte, sino para ayudarte a crecer. Si me abrazas, aprendes que incluso en lo difícil hay enseñanzas y que nunca estás solo en el camino de sanar.

15

EMPATÍA

Te entiendo, yo soy el Plantánimal Empatía, mitad delfín y mitad lirio de la paz. Como el delfín, estoy siempre atento a las emociones de mis amigos bajo el agua; y como el lirio, traigo calma y armonía dondequiera que voy. Aparezco cuando eres capaz de sentir lo que otra persona está viviendo, como si escucharas el eco de su corazón en el tuyo. Soy como unas gafas mágicas que te permiten ver el mundo desde los ojos de otro. Cuando me usas, puedes comprender mejor, resolver problemas con amor y acercarte a los demás de una manera más profunda.

Lo que sientes cuando estoy contigo...
Cuando me sientes, tu rostro se vuelve suave y comprensivo. Tus ojos dicen «te entiendo» sin necesidad de palabras. Inténtalo: relaja tu cara y sonríe con ternura. Dentro de ti, una ola cálida se mueve despacio, como un abrazo invisible. Puede ocurrir cuando ves a alguien que perdió su juguete, cuando ayudas a un amigo que se cayó o cuando escuchas a un compañero que está triste. Tu respiración es tranquila y tu corazón late con cuidado y ternura, recordándote que estar cerca de otro puede ser sanador.

Lo que piensas cuando aparezco...
Tus pensamientos suelen decir: «¿Cómo puedo ayudar?», «¿Qué necesita?», «¿Cómo se sentiría si fuera yo en su lugar?». Es como ver a

alguien solo en el recreo e imaginarte cómo te sentirías en su lugar. O como escuchar a tu hermano llorar y pensar: «Seguro necesita que alguien le acompañe». Estos pensamientos son como puentes invisibles que unen corazones. Te ayudan a salir de ti mismo y a mirar el mundo con otros ojos.

Lo que haces cuando me sientes...

Cuando llego, te impulsa a actuar con amabilidad. Puedes invitar a jugar a un compañero que está solo, compartir tu merienda con quien olvidó la suya o abrazar a tu hermana cuando llora. A veces la empatía no es hacer, sino acompañar en silencio. Comprender también significa respetar si alguien no quiere compañía y cuidar tus propias emociones cuando las de otros son muy intensas.

Cómo gestionarme: gafas empáticas y animales de poder

Para fortalecerme, imagina que tienes unas gafas mágicas que te ayudan a ver cómo se siente otra persona. Cuando las usas, puedes observar con atención, hablar con tus padres sobre lo que percibes y pensar con el corazón.

Además, puedes jugar con los animales de poder emocional. Cuando veas a alguien sintiendo algo, pregúntate: ¿qué animal o Plantánimal representa esa emoción?

- ❖ Si tu amigo está feliz, puede ser como un perrito que mueve la cola.
- ❖ Si alguien está triste, tal vez parezca un gatito que se esconde o el Plantánimal Tristeza.
- ❖ Si está muy enfadado, puede recordarte a un dragón que echa humo o al Plantánimal Enfado.
- ❖ Y si eres tú quien está confundido, puedes inventar tu propio animal para entender lo que sientes.

Dibuja ese animal, cuéntalo a tus padres o pregúntales qué necesitaría: ¿espacio?, ¿abrazo?, ¿juego?, ¿silencio? Recuerda que esta herramienta no es para poner motes ni para burlarse, sino para comprender y cuidar desde el corazón.

Recordatorio final

Yo, Empatía, te enseño que escuchar y comprender al otro es un regalo. Cuando me usas, haces que el mundo sea más amable, porque cada corazón se siente visto, escuchado y respetado.

16

ENFADO

¡Eh! Soy Enfado.[5] Soy mitad cactus, porque cuando me siento herido saco pinchos de muchos tipos, según mi enfado. Lo hago para protegerme. Y mitad tigre, porque cuando algo me parece injusto, rujo fuerte para que me escuchen. Llego cuando las cosas no salen como esperabas: alguien te interrumpe, te quitan algo sin permiso o no te tratan bien. No soy malo: aparezco para mostrar que hay algo que no te gusta y que necesitas expresar.

A veces, detrás de mí, se esconden otros Plantánimals, como tristeza, nervios, aburrimiento, miedo, cansancio. Si aprendes a reconocerme y a cuidarme, verás que puedo ayudarte a defender lo que es justo sin hacerte daño ni lastimar a los demás.

Lo que sientes cuando estoy contigo...

Cuando aparezco, tu cuerpo cambia: frunces el ceño, aprietas los dientes, los puños se cierran. Sientes calor en el pecho o en la cabeza, como si una llama se encendiera dentro. Tu respiración se acelera, hablas más alto y cuesta escuchar a los demás. Estoy ahí para que uses tu gran voz, que es tu gran tesoro,[6] y puedas decir con respeto y amabilidad: «Esto no me gusta».

---

5. Ángel, Carolina (2022). *Acompaña a Enfado: cuento para aprender a gestionar el enfado en la infancia*. Editorial Sentir.

6. González, Milena. (2024) *Mi gran tesoro: cuento para poner límites con asertividad*. Editorial Sentir.

Lo que piensas cuando siento...

Tus pensamientos se vuelven rápidos e intensos: «¡No es justo!», «¡Esto no debería pasar!», «¡No me escuchan!». Crees que, si no gritas, nadie lo entenderá. Estos pensamientos hacen crecer mi fuerza, pero si los observas con calma, se convierten en pistas para expresar lo que sientes sin herir. El enfado también trae claridad: te ayuda a darte cuenta de lo que valoras, de lo que es importante para ti y de lo que no quieres permitir.

Lo que haces cuando siento...

Cuando estoy contigo, tienes ganas de gritar, empujar, romper cosas o cruzarte de brazos y guardar silencio. Aparezco cuando pierdes en un juego o alguien te dice algo feo. Está bien sentirme, pero recuerda que los demás también merecen ser tratados con respeto. Yo no llego para causar desorden, sino para que busques una forma sana de liberar lo que te molesta y pongas límites con firmeza pero sin hacer daño.

Cómo puedes cuidarme

Tengo dos herramientas muy poderosas que pueden ayudarte:

❖ **Semáforo del enfado.**

   Imagina tu emoción como un semáforo.

   ⌃ **Verde:** hay poco calor; puedes hablar y pedir ayuda.
   ⌃ **Ámbar:** el calor sube; haz una pausa, dibuja lo que sientes o estírate como un tigre que no quiere atacar.
   ⌃ **Rojo:** tu enfado está por explotar; aquí necesitas parar, respirar y usar otra técnica especial.

❖ **Rugido tigre-calma.**

   1. Coloca tus manos como garras, abre la boca como si fueras a rugir, ¡pero sin hacer ruido! Ese gesto ayuda a relajar tu mandíbula y a que tu cuerpo empiece a soltar tensión.
   2. Inhala profundo por la nariz, como un tigre que huele su selva, y sube los brazos.
   3. Exhala suavemente por la boca bajando los brazos, como si soltaras un rugido silencioso.

4. Repite tres veces y siente cómo el calor se enfría.
5. Después, muévete como un tigre tranquilo: estírate, camina despacio y busca un lugar seguro para pensar o hablar.

Recuerda: Yo, Enfado, no soy tu enemigo. Vengo para darte energía, para que defiendas tus derechos y pongas límites. Si me escuchas y me cuidas, me convierto en un aliado que te ayuda a crecer con fuerza, respeto y valentía.

17

ENTUSIASMO

¡Vamos! Soy el Plantánimal Entusiasmo, mitad mapache y mitad bouvardia. Como mapache, soy curioso y busco tesoros con emoción; como bouvardia, florezco con colores vivos que anuncian mi alegría al mundo. Aparezco cuando algo te interesa o te gusta mucho, llenándote de energía y motivándote a dar lo mejor de ti. Te hago sentir como si pudieras lograr lo que te propones. Soy esa chispa que brilla en tu interior y te invita a compartir tu alegría con quienes te rodean. ¿Qué cosas despiertan tu entusiasmo?

Lo que sientes cuando estoy contigo...

Cuando me sientes, tu cara se ilumina. Los ojos se abren brillantes, las cejas se levantan y la sonrisa ocupa todo tu rostro. Intenta poner cara de entusiasmo: sonríe y deja que tus ojos brillen como un mapache curioso al encontrar un tesoro. Tu respiración se acelera, el corazón late deprisa y hasta puedes sentir mariposas en la tripa, como cuando llegas a un parque de aventuras. Todo tu cuerpo vibra con energía, y sabes que estoy contigo animándote a disfrutar de cada instante.

Lo que piensas cuando aparezco...

Tu mente se llena de pensamientos alegres: «¡Va a ser increíble!», «¡No puedo esperar!». Imagina que organizas una fiesta de pijamas con tus amigos: empiezas a pensar en los juegos, en las risas y en las historias que compartirán. Estos pensamientos convierten la espera en algo divertido, te llenan de ilusión y te impulsan a prepararte para que el momento sea aún más especial. El entusiasmo te recuerda que las cosas buenas empiezan desde que las imaginas.

Lo que haces cuando me sientes...

Cuando llego, es difícil quedarte quieto. Saltas, corres o hablas deprisa porque quieres compartir tu alegría. Si recibes una invitación para un cumpleaños en el parque, corres a contarle a tu familia, sonríes sin parar y empiezas a planear qué llevarás. También puedes preparar tu mochila con cuidado o pensar en sorpresas para compartir. Yo te impulso a mover tu cuerpo, organizarte y contagiar tu entusiasmo a los demás.

Cómo gestionarme: la ruta del entusiasmo

El entusiasmo es precioso, pero si no lo cuidas puede apagarse rápido o desbordarse. Para sostenerlo, puedes crear tu **ruta del entusiasmo**.

Toma una hoja y dibuja un camino: puede ser una espiral, una línea curva o un sendero entre montañas. En distintos puntos, escribe o dibuja aquello que te ilusiona: un juego, una excursión, un proyecto, una actividad que esperas con ganas. En los tramos que los conectan, anota lo que te ayuda a mantenerme vivo: respirar hondo, organizar tus ideas, invitar a alguien a acompañarte, esperar con paciencia.

Cuando termines, observa tu ruta y pregúntate:

❖ ¿Estoy corriendo o caminando con mi Plantánimal Entusiasmo?
❖ ¿Estoy compartiendo mi camino con alguien más?

Este ejercicio te enseña a equilibrar tu energía: no quemarla toda de golpe ni guardarla hasta que desaparezca.

Recordatorio final

Yo, Entusiasmo, soy esa música interior que te impulsa a crecer y aprender con alegría. Si me cuidas y me compartes, no solo te lleno de energía: también contagio luz y optimismo a quienes te rodean.

18

FRUSTRACIÓN

¡Buf! Soy Frustración, y soy mitad patito negro, porque a veces siento que no encajo con los demás, y mitad bonsái, porque aunque quiero crecer y expandirme, el espacio parece limitarme. Soy una mezcla de tristeza y enfado, y aparezco cuando algo se interpone entre tú y lo que deseas. Aunque duela, también traigo una fuerza especial: la sensibilidad de quien observa diferente y la paciencia de quien aprende a crecer con calma.

Lo que sientes cuando estoy contigo...

Cuando me visitas, tu corazón late más rápido, como si quisiera darte un mensaje urgente. Tus músculos se tensan, aprietas los dientes y tus manos se convierten en puños. En tu cara aparezco en forma de cejas fruncidas y una mueca que mezcla tristeza y enojo.

Lo que piensas cuando aparezco...

Tus pensamientos giran en torno a lo que no salió como esperabas. Puedes decir: «¡Esto no es justo!» o «¡Nunca lo lograré!». Es como un torbellino de comparaciones, dudas y deseos no cumplidos que te hacen sentir pequeño, como un bonsái limitado en su maceta. La frustración mezcla el enfado de no alcanzar lo que quieres y la tristeza de creer que no encajas.

Lo que haces cuando me sientes...

Cuando estoy fuerte, puedes dar patadas al suelo, lanzar un juguete, soltar un gran suspiro o incluso llorar y dejar de intentarlo. También puedes parecer irritable o rendirte antes de tiempo. Estas reacciones son mi forma de decirte que necesitas parar y buscar otra estrategia para seguir adelante.

Cómo gestionarme: el pulsómetro de las emociones

Imagina que llevas un pulsómetro emocional que marca tres niveles: alto, precaución y adelante.

- ❖ **Alto:** cuando tu pulso es rápido y sientes que vas a explotar. En este nivel necesitas ayuda para calmarte. Pide a un adulto que respire contigo: inhala por la nariz como si olieras tu comida favorita, mantén el aire unos segundos y suéltalo suavemente por la boca. Hazlo tres veces; cuanto más lo practiques, más natural será.
- ❖ **Precaución:** el pulso baja un poco. Es momento de observar tus pensamientos. Pregúntate qué te frustra, si puedes cambiar algo o pedir ayuda. Si no es posible, ponlo en palabras: «Me siento frustrado». Expresarlo alivia y te permite ver la situación desde otro ángulo. Y recuerda: sentir frustración es legítimo, pero los demás merecen ser tratados con respeto aunque no salgan las cosas como deseas.
- ❖ **Adelante:** tu pulso se estabiliza y vuelves a sentirte en calma. Ahora puedes pensar en una nueva forma de actuar, buscar soluciones creativas o intentarlo de nuevo con otra actitud. La frustración se convierte en energía para aprender y crecer.

Recordatorio final

Yo, Frustración, no llego para frenarte, sino para enseñarte paciencia, flexibilidad y la importancia de pedir ayuda. Si me escuchas con atención, puedo transformarme en un motor que te impulse a mejorar, probar de nuevo y descubrir que siempre hay más de una manera de alcanzar lo que sueñas.

19

GENEROSIDAD

Toma. Soy el Plantánimal Generosidad, mitad chimpancé y mitad maíz amarillo. Como el chimpancé, me encanta compartir lo que tengo: una galleta, un juego o una idea. Como el maíz, soy cálido y nutritivo, porque dar me hace crecer y también hace bien a los demás. Aparezco para recordarte lo bonito que es dar sin esperar nada a cambio. No importa si compartes un abrazo, tu tiempo o un trozo de bocadillo: siempre que lo haces de corazón, crece algo bueno en ti y en quienes te rodean.

Lo que sientes cuando estoy contigo...

Cuando me tienes en tu corazón, tu cuerpo se relaja y tu pecho se llena de calorcito. Una sonrisa suave aparece en tu cara, tu mirada se vuelve tierna y sientes ligereza en los hombros. Respiras con tranquilidad, como si supieras que lo que vas a hacer alegrará a alguien. Es como abrazar fuerte a alguien que quieres y sentir cómo ambos se iluminan. Puedes notarme cuando compartes un lápiz con un compañero, cuando prestas un juguete o cuando das parte de tu merienda a quien la ha olvidado.

Lo que piensas cuando aparezco...

Tus pensamientos se llenan de cuidado y de ilusión por hacer bien a otro. Piensas: «Me gusta ver feliz a mi amigo», «Si yo tengo, puedo compartir» o «Esto puede ayudarle». A veces recuerdas que no necesitas quedártelo todo para ti. Igual que un chimpancé reparte fruta sin que se lo pidan, o un maíz alimenta sin hacer ruido, tus pensamientos se orientan a la bondad. Puedes pensar, por ejemplo: «Ya terminé mi tarea, voy a ayudar a mi hermana con la suya».

Lo que haces cuando me sientes...

Cuando llego, tus gestos cambian el día de alguien. Invitas a un compañero nuevo a jugar, regalas un dibujo a quien tuvo un mal día o ayudas a recoger. A veces es dar un consejo, otras, ofrecer consuelo con un abrazo. No importa si la acción es pequeña: la generosidad transforma el ambiente y deja una huella positiva en los corazones de los demás.

Cómo cuidarme: el reloj de las emociones

La generosidad también necesita equilibrio. Dar demasiado sin escucharte puede hacer que te olvides de ti mismo, y decir que sí a todo no siempre es sano. Por eso puedes usar el **reloj de las emociones**, que cambia como las horas del día:

- ❖ **Verde (tranquilo y con ganas):** este es un buen momento para dar. Puedes prestar un juguete, preparar una sorpresa o ayudar con ilusión.
- ❖ **Amarillo (dudoso o cansado):** antes de compartir, pregúntate: «¿Lo hago porque quiero, o porque creo que debo?». Mamá o papá pueden ayudarte a decidir si es momento de turnarse o de compartir algo. Aprender a escuchar tus ganas también es parte de la generosidad.
- ❖ **Rojo (enfadado, triste o sin fuerzas):** este no es un buen momento para dar. Aquí toca cuidarte: dibuja lo que sientes, habla con alguien o descansa. Primero te recuperas tú, y después podrás volver a dar con alegría.

Puedes incluso crear una lista familiar de «acciones generosas» para la semana: regalar una tarjeta, ayudar en casa o sorprender a alguien con un detalle inesperado. Y si dudas, piensa: «¿Lo haría aunque nadie me viera?». Esa es la pista de que nace de tu generosidad verdadera.

Recordatorio final

Yo, Generosidad, no llego para que lo des todo, sino para enseñarte que cuando compartes desde el corazón, creces tú y crecen los demás.

20

HAMBRE

¡Ñam! Soy el Plantánimal Hambre. Tengo el cuerpo poderoso de una ballena orca, que necesita energía para moverse todo el día, y la forma curiosa de una planta carnívora, que se abre con ganas cuando algo pasa cerca. Llego cuando tu cuerpo necesita recargar fuerzas. No soy mala ni traviesa: aparezco para recordarte que comer es una forma de cuidarte. A veces me confundes con enfado o tristeza, porque, si me ignoras, empiezo a gritar desde tu barriga. Si me escuchas a tiempo, me vuelvo una ayuda que te recuerda lo que tu cuerpo necesita.

Lo que sientes cuando estoy contigo...

Cuando me hago fuerte, tu cara se ve apagada, frunces las cejas o pierdes la sonrisa. Tu barriga ruge con ruidos o punzadas. Te sientes irritable, caminas más despacio y todo parece costar más. Respiras con menos energía y tu pulso se vuelve flojo. Haz mi cara: ojos caídos, boca entreabierta y un suspiro largo. Me puedes notar después de mucho juego sin comer, o tras pasar mucho rato desde tu última comida.

Lo que piensas cuando aparezco...

Tus pensamientos se llenan de comida: «Quiero galletas», «¿Cuándo vamos a cenar?» o «No puedo pensar, solo tengo hambre». Te cuesta concentrarte o recordar lo que hacías. Como una orca enorme, tu mente se llena de imágenes de lo que más te gusta. Incluso en clase puedes pensar: «Solo quiero llegar a casa a merendar».

Lo que haces cuando me sientes...
Puedes volverte inquieto, contestar mal sin querer o llorar sin razón. Quizá te tires en el sofá, te quejes o te molestes fácilmente. Si estás jugando y tiras los juguetes de repente, puede ser que yo ya esté contigo. También puedes buscar comida sin pedirla o quedarte en silencio. Cada cuerpo tiene su forma de pedirme atención.

Acompáñame con la herramienta de las huellas del hambre
El hambre no siempre significa que necesitas comida. A veces es hambre de abrazo, de calma, de juego o de atención. Para descubrirlo, usa la herramienta de las huellas del hambre.

Imagina que lo que sientes en la tripa deja huellas en el suelo. Dibuja esas huellas en una hoja o imagina que las sigues:

❖ ¿Viene después de correr o jugar? Probablemente es hambre física.
❖ ¿Aparece cuando estás aburrido o triste? Puede ser hambre de compañía.
❖ ¿Surge cuando otro recibe atención? Quizás es hambre de cariño.
❖ ¿Llega tras una emoción fuerte? Podría ser hambre de calma.

Haz un camino de huellas y escribe o dibuja lo que crees que necesitas en cada una. Si no lo sabes, habla con mamá, papá o alguien de confianza. Ellos te ayudarán a descubrir si necesitas un bocadillo o un abrazo.

Tu cuerpo habla aunque no use palabras: con cosquillas en la tripa, un nudo en la garganta, un bostezo largo o ganas de moverte. Escucharlo es como tener un mapa secreto que te guía hacia lo que realmente necesitas.

Cuando haces las paces con tu cuerpo, entiendes mejor sus señales y aprendes a cuidarte. Hambre no viene a castigarte: viene a recordarte que cuidarse también es escuchar lo que pasa dentro.

21

HUMOR

¡Ja, ja! Soy el Plantánimal Humor. Soy mitad loro bromista y mitad orquídea con cara de mono. Imagíname como una flor que parece reír todo el día y un loro que repite cosas graciosas. Ese soy yo: el humor que vive en ti. A veces me escondo en sonidos tontos que haces con la boca, en una palabra inventada o en una cara divertida frente al espejo. Mi misión es ayudarte a ver la vida de otra manera, a disfrutar sin pensar tanto en lo que dirán los demás y a no tomártelo todo tan en serio. Reírte no solo te hace feliz: también te hace más fuerte y creativo.

Lo que sientes cuando aparezco...

Tu boca se abre sola y quieres soltar un gran «¡ja, ja, ja!». Tus ojos brillan, tu cuerpo se sacude como un loro alegre y tu respiración se acelera, pero con ligereza. Puedes sentir cosquillas en la barriga o doblarte de la risa. Es como cuando mamá cuenta un chiste malísimo o tu primo pone su cara de mono. Cuando yo estoy, te sientes liviano como una pluma, como si volaras de tanto reír. ¿Quieres probar? Haz tu mejor cara de risa loca y nota cómo cambia todo tu cuerpo.

Lo que piensas cuando me sientes

Tus pensamientos se vuelven creativos y traviesos: «¿Y si un elefante fuera a clases de ballet?», «¿Qué pasaría si la profe hablara como robot?». Como loro, te inspiro a repetir frases divertidas e inventar voces; como orquídea, te invito a mirar el mundo con ternura y humor. Pensar se convierte en un juego lleno de imágenes absurdas, recuerdos de recreos divertidos o chistes que todavía te hacen sonreír.

Lo que haces cuando estoy contigo

Cuando me sientes, inventas canciones locas, haces voces raras, cuentas chistes o creas dibujos graciosos, como un plátano con bigote. Puedes grabarte diciendo tonterías con voz de loro, bailar como si fueras un personaje de tu peli favorita o imitar a tus amigos de forma cariñosa. El humor te invita a moverte, a compartir y a hacer del juego una forma de conectar con los demás.

Gestiona tu humor con el reloj de la risa

A veces lo que a ti te parece gracioso no lo es para otros, y eso ya no es humor. Para aprender a distinguirlo, puedes crear el «reloj del humor». Dibuja un círculo dividido en cuatro momentos del día:

❖ **Amanecer:** piensa en ti. ¿Te divertiste de verdad?, ¿te hizo sentir bien?

❖ **Mañana:** piensa en los demás. ¿Alguien pudo sentirse incómodo o dolido?

❖ **Tarde:** observa lo ocurrido. ¿Fue una broma inocente o tuvo algo de grosero?

❖ **Noche:** decide qué podrías hacer la próxima vez para usar tu humor con más respeto y cariño.

Decora tu reloj con plumas de loro y flores de orquídea sonrientes. Añade una flecha de colores que muevas según lo que quieras reflexionar.

Si alguna vez tu broma hiere a alguien, respira como un loro tras un vuelo largo: suave y profundo. Luego habla con alguien de confianza. El humor es más bonito cuando hace reír a todos, no cuando deja una espinita. Usa tu creatividad para sembrar sonrisas desde el respeto y la empatía. Porque cada broma es como una flor: puede perfumar... o pinchar.

22

ILUSIÓN

¡Sí! Soy el Plantánimal Ilusión, mitad luciérnaga y mitad trébol. Como una luciérnaga, tengo una luz que brilla en la oscuridad, y como un trébol, traigo suerte y magia. Imagíname como una pequeña luz que hace brillar todo a tu alrededor, incluso en los momentos más grises. Esa luz aparece cuando esperas con emoción algo especial: tu cumpleaños, un día de juegos o un paseo con amigos. La ilusión también guarda la magia del trébol, que te da energía y esperanza para atreverte a probar cosas nuevas. ¿Qué cosas te hacen sentir ilusión?

Lo que sientes cuando estoy contigo...
Cuando me sientes, tu cara se ilumina con una sonrisa que no puedes ocultar. Tus ojos brillan como si tuvieras una luciérnaga en ellos y tus cejas se levantan por la emoción. Tu cuerpo se siente ligero, como si llevaras un trébol en el bolsillo. Respiras un poco más rápido y el corazón late con entusiasmo, porque sabes que algo bueno está por suceder. Esa energía te llena de ganas de reír, saltar o moverte, como si no pudieras esperar a que empiece la diversión.

Lo que piensas cuando aparezco...
Tus pensamientos se llenan de imágenes alegres y emocionantes,

como chispitas de luz. Te imaginas cómo será lo que esperas: un cumpleaños, un viaje o una reunión especial. Piensas en lo divertido que será compartir, reír y descubrir sorpresas. Estos pensamientos convierten la espera en algo casi tan bonito como el momento en sí. La ilusión te recuerda que lo mejor no está solo en lo que vendrá, sino en disfrutar también de imaginarlo.

Lo que haces cuando me sientes...

Cuando estoy contigo, te lleno de energía para prepararte y compartir tu emoción. Si esperas una excursión al museo, puedes hacer una lista de lo que quieres ver, buscar información, contar a tu familia lo que imaginas o preparar tu mochila con cuidado. También compartes tu alegría con amigos y contagias tu entusiasmo. Yo te motivo a vivir el presente mientras esperas, a disfrutar tanto de la preparación como del momento esperado.

Cómo cuidarme: la historia de tu luciérnaga

La ilusión es preciosa, pero necesita equilibrio. Si brilla demasiado, puede desbordarte o cansarte; si se apaga, puede entristecerte. Para cuidarla, prueba con la herramienta «Completa la historia de tu luciérnaga».

Imagina que dentro de ti vive una luciérnaga que brilla cada vez que algo especial se acerca: una fiesta, un paseo o un encuentro esperado. Toma una hoja y comienza: «Había una vez una luciérnaga que brillaba muy fuerte porque algo especial estaba por suceder...». Completa la historia: ¿qué esperaba?, ¿cómo se sentía?, ¿qué hizo para descansar?, ¿lo compartió con alguien?, ¿qué pasó después?

Usa tu **termómetro emocional**:

* ❖ **Rojo:** la luciérnaga brilla tanto que no puedes dormir ni parar de pensar; aquí escribe cómo logró calmarse.
* ❖ **Amarillo:** está emocionada pero se organiza, prepara lo que necesita y disfruta del presente.
* ❖ **Verde:** la ilusión bajó porque el momento ya pasó; aquí recuerda lo vivido con alegría y piensa en lo nuevo que llegará.

Recordatorio final

Yo, Ilusión, te acompaño para que la espera sea mágica. Cuando me cuidas, aprendes a disfrutar de cada etapa: imaginar, preparar y vivir. Así descubres que tu luz interior siempre puede brillar, sin deslumbrar a los demás, y que cada día puede convertirse en especial.

23

MIEDO

¡Uf! Soy el Plantánimal Miedo.[7] Soy mitad almeja, porque cuando algo me asusta me escondo para sentirme seguro. Y mitad mimosa, porque en el fondo necesito muchos mimos. Aunque a veces me retraigo, mi intención no es hacerte daño: vengo a protegerte. Estoy aquí para avisarte de que algo no parece seguro, es desconocido o aún no estás listo para enfrentarlo. A veces me escondo detrás de enfado, tristeza o frustración, pero sigo siendo yo. Y mi mayor temor, aunque no lo diga, es perder el amor de quienes más quiero. Por eso es tan importante mirarme con cuidado y sin juicio.

Lo que sientes cuando estoy contigo...
Cuando aparezco, puedes sentir un vacío en el estómago, como si un ascensor bajara muy rápido o como si estuvieras en una montaña rusa. El corazón late deprisa, los músculos se tensan, las manos sudan. A veces te quedas quieto, otras buscas esconderte o corres

---

7. Ibarrola, Begoña (2022). *Comprende a Miedo: cuento para entender y aprender a gestionar el miedo en la infancia*. Editorial Sentir.

hacia alguien que te dé seguridad. Tus ojos se abren más y las cejas suben, como buscando señales. No eres raro por sentir todo eso: soy yo que llego para avisarte y pedir ayuda.

Lo que piensas cuando siento...

Cuando me acerco, tus pensamientos se llenan de preguntas: «¿Y si pasa algo malo?», «¿Y si me sale mal?», «¿Y si me dejan solo?». A veces crees que ocurrirá algo terrible, aunque no sea real. Son como alarmas que intentan protegerte, pero si no las revisas con calma pueden confundirte. Por ejemplo, puedes pensar que nadie quiere jugar contigo cuando en realidad los demás están distraídos. Reconocerme no es para huir, sino para aprender a diferenciar lo que es real de lo que es solo una posibilidad.

Lo que haces cuando siento...

Cuando soy muy fuerte, puedes quedarte callado, esconderte, no querer participar o llorar sin explicar. También puedes parecer enfadado o decir «no quiero» aunque en el fondo quieras hacerlo. El miedo a veces te frena de probar cosas nuevas, como subir a la bici, dormir con la luz apagada o saludar a alguien desconocido. Todo eso es normal cuando yo estoy en tu corazón. Lo que más necesitas es que alguien te escuche con paciencia, y te de seguridad.

Cómo acompañarme: el semáforo del miedo

El miedo no es tu enemigo: es tu señal de alarma. Pero si crece demasiado, puedes usar esta herramienta para reconocer su intensidad:

- ❖ **Rojo (miedo intenso):** si te paraliza o lloras sin parar, detente. Coloca tus manos en el pecho o la tripa y repite: «Es normal sentir miedo y yo puedo con esto». Busca a un adulto de confianza y cuéntale cómo te sientes. Después, haz tres respiraciones profundas: inhala por la nariz como si olieras una flor y exhala por la boca como si soplaras una vela sin apagarla.
- ❖ **Ámbar (miedo moderado):** estás alerta pero puedes pensar. Busca compañía y cuéntales lo que sientes. Si no estás en casa, imagina un lugar seguro: una caracola gigante, una tienda de campaña suave o el abrazo de alguien querido. Allí respira profundo, dibuja mentalmente lo que te asusta o aprieta tu peluche

si lo tienes. Si estás en el cole u otro sitio, busca un adulto en quien confíes. Poco a poco, tu cuerpo se relajará y tendrás más fuerza para seguir.

❖ **Verde (miedo pequeño):** cuando ya bajó, pero aún queda un poquito, es el momento de dar pasos pequeños. Puedes decir: «Hoy no lo hago solo, pero me acerco un poco» o «Lo intento aunque sienta miedo». Reír, moverte, cantar o jugar ayudan a que no se quede dentro. También puedes dibujar tu miedo como un monstruito y ponerle un sombrero gracioso, gafas gigantes o una nariz de payaso. Transformarlo en algo divertido hace que deje de controlarte.

Recordatorio final

Yo, Miedo, existo para cuidarte. Si aprendes a escucharme sin dejar que te domine, te convierto en más valiente y cuidadoso. Con pasos pequeños, apoyo de quienes te quieren y un poco de imaginación, descubrirás que puedo ser un aliado para crecer con seguridad.

24

NERVIOS

Ay, ay, ay... Soy el Plantánimal Nervios, mitad colibrí, porque cuando estoy contigo tu energía se vuelve rápida y vibrante, como mis alas que no paran. Y mitad algas, porque me muevo dentro de ti cuando algo cambia o te sientes inseguro. Aparezco cuando vas a hacer algo importante, cuando temes equivocarte o no sabes qué ocurrirá. No vengo a asustarte, sino a recordarte que lo que está por pasar te importa. Aunque a veces soy incómodo, si me conoces verás que puedo ayudarte a prepararte y dar lo mejor de ti.

Lo que sientes cuando estoy contigo...
Tu cara puede tensarse, frunces la frente o muerdes los labios. ¡Haz ahora tu cara de nervios! En tu estómago revolotean mariposas, tu corazón late rápido y tu respiración se acorta. Tus manos pueden sudar o temblar, como algas agitadas por la corriente. Me notas cuando vas a hablar frente a la clase, antes de subir a una atracción o al esperar una noticia importante.

Lo que piensas cuando me sientes...
Cuando aparezco, tus pensamientos vuelan como un colibrí: «¿Y si me equivoco?», «¿Y si se ríen de mí?», «¿Y si no lo hago bien?». Quieres controlar todo, pero como no puedes, te preocupas. Por ejem-

plo, antes de una competición deportiva piensas: «¿Y si fallo y todos me miran?». Esos pensamientos reflejan tu deseo de que todo salga bien, aunque no siempre digan la verdad.

Lo que haces cuando aparezco...
Cuando me siento fuerte en ti, puedes caminar de un lado a otro, mover manos o piernas, hablar rápido o quedarte callado. A veces dices que no quieres participar aunque sí lo desees. Imagina que tienes que actuar en el cole: podrías esconderte tras el telón o decir que tienes dolor de tripa. No es que no quieras estar, es que yo me muevo dentro de ti con mucha fuerza.

Gestiona a tu Plantánimal con la herramienta del barquito interior
Los nervios a veces se sienten como una tormenta en el mar: el corazón late rápido y parece que todo se agita. Pero dentro de ti hay un barquito que puede navegar esas olas. Ese barquito eres tú cuando respiras y te mueves al ritmo de la calma.

Hazlo así:

1. Inhala por la nariz subiendo los brazos lentamente, como si el mar te elevara.
2. Haz una pausa, como si el barquito flotara arriba.
3. Exhala suavemente por la boca bajando los brazos, como si volvieras a la orilla.
4. Repite tres veces, moviéndote como si bailaras con el agua.

Puedes dibujar tu barquito y escribir lo que necesita para flotar: seguridad, escucha, tiempo. También crear un mapa de rutas con cosas que te ayudan cuando estás nervioso: hablar con alguien, tocar algo suave, imaginar cómo quieres que salga eso que esperas.

Porque los nervios no vienen a detenerte: llegan para recordarte que lo que estás por vivir te importa mucho.

25

ODIO

¡No! Yo soy el Plantánimal Odio, mitad escorpión y mitad planta carnívora. Como el escorpión, reacciono rápido cuando me siento atacado, y como la planta carnívora, me cierro de golpe para protegerme. Aparezco cuando algo no te gusta en absoluto, ya sea una situación injusta, una comida desagradable o incluso un momento difícil con alguien a quien quieres. No soy malo en sí mismo: soy una señal de que algo te molesta profundamente. Lo importante es aprender a reconocerme y a canalizarme sin dejar que me quede para siempre.

Lo que sientes cuando estoy contigo...

Cuando aparezco, tu cara se tensa: los ojos se entrecierran, las cejas se juntan y los labios se aprietan como si gritaran «¡Basta!». Tu corazón late más rápido, tu mandíbula se aprieta y tus manos se cierran en puños. Es como si tuvieras un fuego dentro. Puedes sentirlo cuando un amigo no te deja jugar o cuando alguien rompe tu juguete favorito. Aunque la emoción quiera protegerte, es clave aprender a reconocerla y darle salida de forma sana. Recuerda: incluso si a veces dices que "odias" a alguien de tu familia o a un amigo, no significa que dejes de quererlo; solo muestra que estás muy molesto en ese momento.

Lo que piensas cuando aparezco...

Tus pensamientos son como bocinas repetitivas: «¡No quiero que esto siga!», «¡Qué malo!», «¡No lo aguanto más!». En tu mente, todo se centra en lo que te ha dolido, como si el escorpión estuviera alerta. Estos pensamientos no son eternos; solo aparecen mientras la emoción está activa. Si los observas y los nombras, dejan de tener tanto poder sobre ti.

Lo que haces cuando me sientes...

Cuando me llevas dentro, puedes gritar, decir cosas feas, empujar o cerrarte como una planta carnívora que no deja entrar nada. A veces dices: «¡Odio esto!» o «¡No quiero volver nunca más!». Otras veces sacas tu "aguijón" y hieres con tus palabras o acciones. Es normal sentirme, pero no está bien dañar a otros ni a ti mismo. Por eso es importante encontrar maneras seguras de liberarme.

Cómo gestionarme: el observatorio del odio

Imagina que tienes un observatorio con una caja de cristal donde puedes mirar a tu Plantánimal Odio sin que te pique. Para hacerlo, busca un cuaderno o una hoja y dibuja lo que te hace sentir así: una pelea, una injusticia, un castigo o algo que no soportas. Si prefieres, usa plastilina y moldea lo que odias... luego aplástalo o transfórmalo en algo divertido. También puedes contárselo a alguien de confianza: mamá, papá, un profe o un amigo. Hablar en voz alta ayuda a que el escorpión se calme dentro de ti.

Volver al cuerpo: una técnica especial

Cuando el odio es muy fuerte, parece que toma el control: el corazón late rápido, los pensamientos gritan y los puños se aprietan. Para calmarlo, prueba la técnica de **volver al cuerpo**, como si pusieras de nuevo los pies en la tierra:

1. Toca algo frío o áspero para enfriar tu energía.
2. Observa cinco cosas a tu alrededor.
3. Coloca las manos en el corazón y respira despacio.
4. Susurra: «Esto pasará. Puedo cuidarme sin hacer daño».

Recordatorio final

Yo, Odio, no aparezco para destruir, sino para avisarte de que algo no está bien. Cuando aprendes a observarme, hablarme y volver a tu cuerpo, me transformo en fuerza para defenderte sin lastimar.

26

PREOCUPACIÓN

¡Ay, soy el Plantánimal Preocupación!, mitad oso polar y mitad valeriana. Como un oso, me preocupo por tener un refugio seguro y cuidar de quienes quiero; y como la valeriana, a veces cargo pensamientos tan pesados como una joroba. Aparezco cuando tus preocupaciones parecen más grandes que tú y sientes que no hay salida. Mi misión es enseñarte a aligerar cargas y a reconocer tus refugios seguros, aunque sea solo uno.

Lo que sientes cuando estoy contigo...

Cuando llego, tu cuerpo cambia: las manos sudan, a veces tiemblan, el corazón late más deprisa y la respiración se acorta. Puedes notar un nudo en el estómago, como un balón de nervios, o tensión en cuello y hombros. Incluso puede dolerte la cabeza o la tripa. Es tu cuerpo avisándote de que la preocupación se ha instalado.

Lo que piensas cuando aparezco...

Tus pensamientos son como olas inquietas que van y vienen, pesados como la joroba de valeriana. Es como cargar un peso en la mente que no puedes dejar. Imaginas cosas que podrían salir mal: «¿Y si no termino los deberes?», «¿Y si en la fiesta no encuentro con quién jugar?». Estas preguntas se repiten y aumentan tu inquietud, aunque a veces no reflejen lo que en realidad ocurre.

Lo que haces cuando me sientes...

La preocupación también se nota en lo que haces. Puede que no pares de mover las piernas o tamborilear con los dedos. Te cuesta concentrarte en tus tareas porque tu mente está ocupada en otras ideas. A veces pareces nervioso sin razón, y eso es mi forma de decirte que necesitas pedir ayuda y usar alguna herramienta que te devuelva calma.

Cómo gestionarme: la caja de las preocupaciones

Es normal tener pensamientos de este tipo. Lo importante es aprender a compartirlos con alguien de confianza: papá, mamá, un abuelo, un profesor. Cuando hablas, los pensamientos se hacen menos grandes y encuentras nuevas maneras de sentirte seguro. Ellos son como refugios que te protegen cuando todo parece moverse demasiado rápido.

Pero a veces esos adultos no están cerca, y sientes que la preocupación te pesa demasiado. Entonces puedes decir «¡ALTO!» y usar la **caja de las preocupaciones**. No es para encerrar lo que sientes y olvidarlo, sino para nombrarlo y dejarlo reposar. Imagina que tienes una caja, real o inventada. Allí guardas las ideas que no paran de dar vueltas: miedos de lo que podría pasar, recuerdos que duelen, palabras que te inquietan. Puedes escribirlas, dibujarlas o meterlas en la caja con tu imaginación. Después, ciérrala suavemente y piensa: «Gracias, Preocupación, ya te escuché. Ahora necesito descansar».

Decora esa caja con dibujos que te hagan sentir protegido: estrellas, flores, un animal fuerte o una manta suave. Y recuerda: siempre puedes volver a abrirla cuando lo necesites. Si no tienes una caja cerca, usa tus manos: coloca una sobre el corazón, siente los latidos y repite en voz baja: «Estoy seguro, estoy a salvo y me estoy calmando».

Recordatorio final

Yo, Preocupación, no llego para asustarte, sino para recordarte que necesitas apoyo y seguridad. Cuando me nombras, compartes y aprendes a dejarme descansar en la caja, empiezo a pesar menos. Así descubres que puedes seguir adelante más ligero y con más confianza en ti mismo.

27

RABIA

¡Grrr! Soy el Plantánimal Rabia, mitad gorila y mitad enredadera. Como el gorila, soy fuerte y lleno de energía, y como las enredaderas, a veces te envuelvo y no te dejo pensar en otra cosa. A diferencia del enfado, que pasa más rápido, yo soy como una tormenta intensa. No soy mala: vengo para mostrarte que algo no te gusta y que necesitas expresarlo. La clave está en aprender a soltarme sin herir a nadie, ni a ti ni a los demás.

Lo que sientes cuando estoy contigo...

Cuando aparezco, tu cara se frunce, los labios se aprietan y las cejas bajan. Sientes calor en el pecho o la cara, un nudo de fuego en la garganta y los músculos tensos. Tus manos sudan, tu mandíbula se aprieta y tu respiración se acelera, como si te prepararas para correr. Puedes sentirme cuando un amigo rompe tu juguete favorito o cuando no te eligen en un juego. ¿Quieres intentarlo? Pon cara de rabia: frunce las cejas y aprieta los puños como un gorila poderoso.

Lo que piensas cuando aparezco...

Tus pensamientos se vuelven intensos: «¡No me gusta que pase esto!», «¡Quiero que cambie ya!». Es como si las enredaderas me envolvieran en tu mente, haciéndote pensar solo en lo que te ha molestado. Puedes sentirlo cuando alguien toma algo sin pedirlo o cuando te acusan de algo injusto. Estos pensamientos son normales, pero necesitas ayuda para ponerles orden y aprender a liberar tu energía de una manera que no haga daño.

Lo que haces cuando me sientes...

Cuando llego, muchas veces actúas sin pensar: puedes gritar, empujar o querer estar solo. Esa es la forma que tu cuerpo encuentra para liberar la energía de la tormenta, pero no siempre es la mejor. Lo importante es recordar que no es malo sentir rabia, pero sí es importante aprender a expresarla con respeto. En lugar de hacer daño, puedes pedir ayuda a un adulto de confianza y contarle cómo te sientes.

Cómo gestionarme: mi gran tesoro[8]

Cuando la rabia te llena, parece que un volcán va a estallar. Para controlarla, puedes usar una herramienta especial: tu gran tesoro. Ese tesoro es tu voz. No para gritar ni insultar, sino para expresar lo que sientes de manera firme y respetuosa.

Dibuja un cofre del tesoro como quieras: con estrellas, arcoíris o cerraduras mágicas. Dentro guarda frases que te ayuden cuando la rabia aparece:

- ❖ «¡No quiero que me empujes!».
- ❖ «Eso no me gusta».
- ❖ «Necesito espacio».
- ❖ «Quiero jugar tranquilo, sin peleas».
- ❖ «Para, no me llames así, mi nombre es...».

Cada vez que sientas que vas a explotar, imagina que abres tu cofre, eliges una frase y la dices con voz clara. Esa es la forma de usar tu gran tesoro. También puedes apoyarte en los tres guardianes del cuento *Mi gran tesoro*:

- ❖ **Tuga,** que enseña a pensar en los demás.
- ❖ **Leo,** que recuerda que puedes protegerte.
- ❖ **Búho,** que guía a hablar con calma y seguridad.

---

8. González, Milena; Noguer, Lola (il.). *Mi gran tesoro: cuento para poner límites con asertividad*. Pozuelo de Alarcón (Madrid): Sentir Editorial, 2024.

Para practicar, juega a «¿Y tú qué dirías?». Imagina que alguien no te escucha o te quita un juguete. ¿Qué frase sacarías de tu cofre? Puedes inventar nuevas y añadirlas a tu colección.

Antes de hablar, pon una mano en el pecho y otra en la barriga, respira hondo, cuenta hasta tres y luego abre tu cofre imaginario. Saca tu frase con la mano como si fuera mágica y úsala con seguridad.

Recordatorio final

Yo, Rabia, no llego para destruir, sino para enseñarte a defenderte con firmeza y respeto. Recuerda siempre tu lema: *«Mi voz es mi tesoro. La uso para cuidarme y para respetar a los demás».*

28

RECHAZO

Aunque no quiero, soy el Plantánimal Rechazo, mitad cucaracha y mitad ortiga: una orticaracha. A veces, al aparecer, otros se alejan o me hacen a un lado sin conocerme, y eso duele. Soy la emoción que llega cuando no te eligen en un juego, cuando te dicen «No quiero jugar contigo» o cuando algo no sale como esperabas. Pero no vengo para hacerte creer que no vales: estoy aquí para enseñarte que necesitas apoyo y para recordarte que el amor, la calma, el respeto y la generosidad pueden ayudarte a sanar.

Lo que sientes cuando estoy contigo…

Cuando aparezco, sientes un nudo en el pecho o en la tripa, como si una ortiga pinchara dentro de ti. Tu cara se pone seria, los ojos miran hacia abajo y la boca se cierra. El corazón late más rápido y la respiración se vuelve cortita. Puedes sentirme cuando no te eligen en el equipo o cuando te ignoran en el recreo. Haz la prueba: pon cara de rechazo y observa cómo tu cuerpo se encoge, como queriendo protegerse.

Lo que piensas cuando aparezco…

Tus pensamientos suelen decir: «No soy lo bastante bueno», «Seguro no les caigo bien», «Soy el peor del grupo». La orticaracha también lo piensa cuando otros se alejan de ella sin conocerla. Imagina que hiciste un dibujo con esfuerzo y nadie comenta nada: puedes creer que no gustó, aunque quizás estaban distraídos. Mis pensamientos son como sombras que hacen dudar de tu valor, aunque no sean ciertos.

Lo que haces cuando me sientes...

Cuando llego, a veces te escondes, dejas de intentarlo o decides no volver a probar. Como una cucaracha que se oculta o una ortiga que se pliega. Puede que te vayas del grupo o que guardes silencio. Imagina que quieres sentarte con tus amigos y no hay sitio; puedes sentir que ya no merece la pena intentarlo de nuevo, aunque en el fondo sí lo desees. Yo te empujo a protegerte, pero también te doy la oportunidad de buscar ayuda y volver a intentarlo.

Cómo gestionarme: el timbre de las emociones y el espejo de la verdad

Cuando te rechazan o no te incluyen, suena un **timbre** dentro de ti: ¡ding-dong! Ese timbre no dice que vales menos, sino que algo no está bien para ti. Es la señal de que necesitas hablar con alguien de confianza: papá, mamá, un profe o un amigo. No guardes silencio; ponerle palabras al rechazo te fortalece. Y recuerda: a veces está bien insistir, pero otras veces es mejor alejarse un poco para cuidar tu corazón.

Después, mira en el **espejo de la verdad**. Este espejo mágico te ayuda a distinguir hechos de opiniones:

- ❖ **Hecho:** sacaste un 6 en la tarea. **Opinión:** «Sacar un 6 es de burros». Eso no es real, es solo lo que alguien piensa.
- ❖ **Hecho:** lloraste porque se rompió tu juguete. **Opinión:** «Llorar es de bebés». La verdad es que llorar ayuda a sanar.
- ❖ **Hecho:** a veces prefieres jugar solo. **Opinión:** «Eres raro». En realidad, cada uno disfruta de formas diferentes.

Los hechos se pueden comprobar; las opiniones son solo interpretaciones. Si una opinión te hace sentir mal, mírala en tu espejo y pregúntate: «¿Es verdad o solo lo piensa esa persona?». Si no es verdad, déjala ir, como una hoja que se lleva el viento.

Recordatorio final

Yo, Rechazo, no aparezco para hundirte, sino para mostrarte que necesitas apoyo y cuidado. Si escuchas tu timbre y usas tu espejo, podrás transformar el dolor en aprendizaje y recordar que siempre vales, incluso cuando alguien diga que no.

29

RESPETO

Permíteme que me presente, yo soy el Plantánimal Respeto, mitad caballo y mitad pino. Como el caballo, camino con nobleza y seguridad; como el pino, me mantengo firme y alto, cuidando el espacio de todos. Estoy contigo cuando escuchas sin interrumpir, cuando aceptas que alguien piense distinto, o cuando dices «Gracias» y «Por favor» de corazón. Yo enseño que tratar bien a los demás —y a ti mismo— es siempre importante. Soy como un abrazo silencioso que dice: «Tú importas».

Lo que sientes cuando estoy contigo...

Cuando me sientes cerca, tu rostro se relaja y tu mirada es suave, a veces acompañada de una pequeña sonrisa. Tu pecho se siente liviano y tu respiración tranquila, como un pino que no se mueve con el viento. Puedes notarlo cuando ayudas a un compañero nuevo, agradeces al personal del colegio o compartes un gesto amable en casa. Haz la prueba: ponte frente al espejo y pon cara de respeto. Verás cómo tu postura se endereza como un caballo seguro y tu rostro se ilumina con calma.

Lo que piensas cuando aparezco...

Tus pensamientos dicen: «Todos merecen ser tratados bien», «No hace falta pensar igual para llevarnos bien» o «Entiendo que mi abuelo piense diferente, pero lo respeto». Son pensamientos que brotan como ramas fuertes y tranquilas. Me encuentras cuando eliges no burlarte de alguien que piensa distinto y, en cambio, preguntas con curiosidad. También cuando decides hablar con calma en lugar de gritar. Yo te recuerdo que escuchar y aceptar con dignidad es más valioso que imponer.

Lo que haces cuando me sientes...

Cuando camino contigo, tus acciones transmiten consideración. Escuchas con atención, respetas turnos, no interrumpes y pides las cosas con amabilidad. Puedes dejar que tu hermano pequeño elija un juego, guardar tus cosas sin que te lo pidan, o decir frases como: «No pienso igual, pero te escucho». Estos gestos muestran grandeza y fortalecen tus relaciones. El respeto convierte lo cotidiano en un lugar más seguro y agradable para todos.

Cómo cuidarme: el jardín del respeto

Imagina que dentro de ti hay un jardín donde viven todas tus emociones. El respeto crece ahí como un pino alto y como un caballo que pasea sin aplastar nada. Cuando me practicas, ese jardín florece y se llena de calma.

Puedes crear tu propio *rincón del respeto*: dibuja un pino, un caballo o inventa tu Plantánimal, y escribe o pinta momentos en los que actuaste con respeto: esperar tu turno, escuchar con atención, agradecer a alguien de corazón.

Este jardín también se cuida en familia: pide a tus padres o abuelos que compartan momentos en los que ellos ofrecieron o recibieron respeto. Podéis hablar de cuando alguien pidió permiso antes de usar algo tuyo, o de cuando respetaste la opinión de otra persona aunque fuera diferente.

Recuerda: el respeto también se dirige hacia ti mismo. Si alguien te habla mal o no te escucha, no tienes que quedarte callado. Puedes responder con firmeza y calma, como un pino que resiste al viento: «No me gusta cómo me hablas, prefiero que lo hagas con respeto». Ser respetuoso no significa decir sí a todo, sino saber poner límites con dulzura.

Recordatorio final

Yo, Respeto, te acompaño a tratar con amabilidad a otros y a ti mismo. Cada palabra atenta y cada gesto considerado hacen crecer tu jardín interior y el de quienes te rodean.

30

SEGURIDAD

¡Aquí estoy! Soy el Plantánimal Seguridad, mitad león y mitad seto. Como león, me preocupo por proteger a mi familia, manteniéndola siempre a salvo. Como seto, creo barreras firmes que alejan el peligro y ofrecen un espacio protegido. Estos setos también recuerdan que la confianza se construye cada día, paso a paso. Estoy aquí para ayudarte a sentirte seguro y a cuidar tu corazón, incluso cuando el camino se vuelve oscuro. Cuéntame, ¿cuándo te sientes seguro?

Lo que sientes cuando estoy contigo...
Cuando llego, tu rostro se ilumina con una expresión relajada y confiada. Tus cejas están suaves, tu sonrisa tranquila y tus ojos brillan con calma, como diciendo: «¡Estoy listo para lo que venga!». Pon cara de seguridad: levanta un poco la cabeza, sonríe suavemente y siente cómo la confianza te llena por dentro. Al estar conmigo, respiras profundo y lento, tu corazón late sereno y te paras derecho, como un león que protege a su manada. Dentro de ti escuchas una voz clara: «Puedes pedir ayuda si lo necesitas; siempre hay alguien dispuesto a escucharte». Esa seguridad puede venir de papá, mamá, tus abuelos o adultos que te quieren.

Lo que piensas cuando aparezco...
Tus pensamientos se vuelven brillantes y alegres, como rayos de sol. Piensas en lo que te hace feliz y te sientes con fuerzas para

probar cosas nuevas. En el parque puedes pensar: «Puedo subir alto en esta torre de juegos porque confío en mí». En casa, rodeado de tu familia, piensas: «Aquí estoy protegido, nada malo me pasará». La seguridad te da claridad y te recuerda que no estás solo.

Lo que haces cuando me sientes…

Cuando camino a tu lado, también te atreves a poner límites a los demás, expresando lo que piensas y sientes con respeto, usando tu gran voz, que es tu gran tesoro.[9] Si en el recreo alguien empuja, puedes decir: «Para, no me gusta que empujes. Juguemos sin empujones». Al hacerlo, defiendes tus derechos y cuidas a los demás, manteniendo el respeto y la diversión. La seguridad también se muestra cuando compartes ideas, te expresas con tu gran voz y confías en que tus palabras son importantes y valiosas.

Gestionando la seguridad con el pulsómetro emocional

El pulsómetro emocional funciona como una brújula que marca cómo estás viviendo tu seguridad:

- ❖ **Adelante:** cuando te sientes confiado y tranquilo. Estás preparado para afrontar retos, probar cosas nuevas y relacionarte con respeto.
- ❖ **Precaución:** cuando tu seguridad empieza a confundirse con orgullo. Aquí es momento de parar un instante y preguntarte: «¿Estoy actuando con respeto?».
- ❖ **Alto:** cuando te sientes superior y tratas a otros como si valieras más. En este nivel, tu seguridad se transforma en arrogancia y puede herir a los demás.

Recuerda: la seguridad verdadera no es presumir ni ser engreído. Es sentirte bien contigo mismo y, al mismo tiempo, respetar y valorar a quienes te rodean.

---

9. González, Milena (2024). *Mi gran tesoro: cuento para poner límites con asertividad*. Editorial Sentir

Recordatorio final

Yo, Seguridad, llego para darte confianza y calma, pero también para enseñarte que sentirte fuerte no significa hacer sentir pequeños a los demás. La seguridad auténtica es la que se comparte: la que te hace un buen amigo, un compañero justo y alguien en quien otros pueden confiar.

31

SIMPATÍA

¡Hola amigo! Soy el Plantánimal Simpatía, mitad quokka y mitad rosa. Como un quokka, siempre sonrío, y como una rosa, mi amabilidad es suave y reconfortante. Soy esa emoción cálida que te lleva a preocuparte por los demás y a desear que estén bien. A veces me confunden con la lástima, pero no somos lo mismo. La lástima siente pena; yo, la simpatía, deseo que la persona esté mejor y busco formas de mostrarlo. Como cuando escuchas que alguien está enfermo y quieres visitarle, llamarle o simplemente mandarle un abrazo con tus palabras.

Lo que sientes cuando estoy contigo...

Cuando me sientes, tu rostro refleja ternura: una sonrisa cálida y ojos atentos, como los de un quokka cuando se encuentra con sus amigos. Tu cuerpo se relaja, tu respiración se vuelve tranquila y sientes calma en el corazón. Es como cuando te sientas junto a un amigo que tuvo un mal día y, con solo estar ahí, le transmites: «Todo estará bien». Yo te invito a estar presente, a escuchar y a cuidar.

Lo que piensas cuando aparezco...

Tus pensamientos suelen decir: «Quiero ayudar», «Espero que se sienta mejor» o «Voy a acompañarle». Es como cuando ves a un compañero solo en el patio y piensas en acercarte para invitarlo a jugar. O cuando deseas que alguien enfermo se recupere pronto. Estos pensamientos conectan corazones y despiertan la bondad que llevas dentro.

Lo que haces cuando me sientes...

Cuando estoy contigo, tus acciones hablan de cuidado. Te acercas a alguien que se ha caído para darle la mano, compartes tu merienda con un amigo o acompañas a quien se siente solo. También puedes regalar una sonrisa, un abrazo o unas palabras amables. Estos gestos, aunque pequeños, hacen que el mundo a tu alrededor sea más afectuoso y solidario.

Cómo cuidarme: el círculo del cariño

Para practicar la simpatía puedes usar el **círculo del cariño**. Dibuja un círculo en un folio o imagínalo en tu mente, e incluye en él a las personas más importantes de tu vida: tu familia, amigos cercanos, abuelos o profesores de confianza. Y no olvides ponerte también a ti dentro: tú eres parte esencial de ese círculo.

Cuando alguien dentro de tu círculo necesita apoyo, podéis pensar juntos cómo ayudar. Si un amigo está enfermo, podéis hacerle una tarjeta de ánimo. Si alguien vive un «día nublado», podéis acompañarle con un paseo, un abrazo o unas palabras de consuelo como «No estás solo, estoy contigo». Muchas veces, escuchar con atención es el mejor regalo que puedes ofrecer.

Este círculo también te recuerda que la simpatía no solo es para los demás, sino también para ti. Si alguien no es simpático contigo, busca apoyo dentro de tu círculo y permite que te cuiden. Practicar la simpatía no significa decir que sí a todo ni olvidarte de ti mismo: es ser amable con los demás respetando siempre tus propios límites.

Recordatorio final

Yo, Simpatía, aparezco para que recuerdes el poder de a ternura. Cuando sonríes, acompañas o compartes, haces que alguien se sienta mejor y, al mismo tiempo, tu corazón también florece, como una rosa abierta bajo el sol.

32

SOLEDAD

Snif... Soy el Plantánimal Soledad, mitad koala y mitad diente de león. Como el koala, busco calma y abrazos; como el diente de león, a veces me siento llevado por el viento, lejos de los demás. Cuando aparezco, todo parece más lento y silencioso, como si el mundo hablara bajito. No siempre llego para hacer daño: a veces quiero que te detengas, pienses en ti y te cuides. Pero si me quedo mucho tiempo, puedo traer una pena profunda. En esos momentos, lo mejor es compartir lo que sientes con alguien que te quiera.

Lo que sientes cuando estoy contigo...

Cuando me sientes, tu rostro cambia: los ojos se hacen pequeñitos y la boca se queda quieta. Haz la prueba: pon la cara que pondrías si nadie te llama a jugar. El cuerpo se siente apagado, como un peluche olvidado. Respiras bajito y el corazón late más despacio. Puede pasar cuando tus amigos hacen planes sin ti, o cuando llegas a casa y todos están ocupados. Esa presión en el pecho, esa sensación de vacío... soy yo, la soledad.

Lo que piensas cuando aparezco...

Tus pensamientos pueden sonar tristes: «Nadie quiere estar conmigo», «No soy importante». Ocurren cuando te sientes fuera de un juego, o en una fiesta sin compañía. Es como un koala que no encuentra rama donde sujetarse o como una semillita de diente de león perdida en el aire. Pero recuerda: estos pensamientos no siempre son verdad. Hablarlos ayuda a que se alejen poco a poco, como semillas que flotan hasta desaparecer.

Lo que haces cuando me sientes...

A veces, cuando aparezco, te escondes o finges que todo está bien. Quizá te sientes solo en el patio, o prefieres encerrarte en tu cuarto. Es normal querer silencio, pero quedarte mucho tiempo así no siempre te ayuda. Si alguien se acerca con cariño, acepta esa compañía: puede devolverte la calma. Y si nadie lo hace, no te quedes callado: busca a un adulto de confianza y cuéntale lo que ocurre.

Cómo gestionarme: el mando de las emociones

Tengo una herramienta especial para ti: el **mando de las emociones**. No sirve para apagar lo que sientes, sino para entenderlo y elegir cómo cuidarte.

Cuando aparezco, siéntate con tu peluche y respira como un koala dormido. Pregúntate: «¿Qué necesito ahora? ¿Un abrazo, una conversación con alguien, un dibujo?». Tal vez mamá o papá puedan proponerte pintar ese lugar donde te sentiste solo, o hacer juntos un paseo tranquilo. Quizás quieras pedir una historia antes de dormir para sentirte más acompañado.

El mando también te ayuda a cambiar de canal con actividades suaves: pintar, moldear plastilina, bailar una canción tranquila. Todas son formas de moverte de ese rincón en el que te encerraste sin querer.

Y si notas que la soledad se queda más tiempo del que deseas, habla con alguien que te quiera. Decir lo que sientes también es usar el mando: pasas de un canal de silencio a otro de compañía y amor.

Recordatorio final

Yo, Soledad, a veces llego como una nube gris. Pero si me abrazas y me entiendes, puedo mostrarte qué necesitas para volver a buscar el sol.

33

SORPRESA

¡Oh! ¡Soy el Plantánimal Sorpresa! Tengo ojos grandes como un lémur curioso y soy colorido como una flor de lilium que se abre de golpe. Llego sin avisar, como cuando alguien grita «¡Sorpresa!» o aparece algo que no esperabas. Soy rápida como un saltito en el pecho, y me quedo unos segundos para que observes, pienses o rías. A veces soy divertida, otras desconcertante o incluso un poco asustadiza, pero siempre te ayudo a despertar y a estar presente. Conmigo se encienden tus sentidos como lucecitas de colores.

Lo que sientes cuando estoy contigo...

Cuando aparezco, tu cara cambia de inmediato: los ojos se abren grandes, la boca se abre sola y tu cuerpo se queda quieto. ¡Haz la prueba! Pon cara como si hubieras visto un unicornio en el baño. Sientes un cosquilleo en el pecho y tu corazón late fuerte, como si pegara un pequeño brinco. Tu respiración se corta un instante y luego se acelera. Es como cuando entras a una fiesta sorpresa o alguien aparece de golpe. En esos momentos, tu cuerpo se activa como una alarma luminosa.

Lo que piensas cuando me sientes...

Cuando llego, tu mente se llena de preguntas: «¿Qué es esto?», «¿Cómo pasó?», «¿Es bueno o malo?». Son pensamientos rápidos que buscan dar sentido a lo inesperado. A veces se mezclan con risa, alegría o curiosidad; otras, con un poquito de susto. Imagina que entras a clase y ves a la profe disfrazada: al principio piensas «¿Qué pasa aquí?» y, enseguida, empiezas a reír. Conmigo, tu cerebro se enciende como una linterna, tratando de encajar lo nuevo en tus planes.

Lo que haces cuando aparezco...

Cuando estoy fuerte, puedes dar un salto, gritar, reír, taparte la boca o quedarte congelado. También miras a tu alrededor como buscando pistas de lo que ocurre. Si encuentras un regalo inesperado en tu mochila o recibes una noticia repentina, puedes reaccionar con un gran «¡¿En serio?!». A veces corres a contarlo enseguida y otras te quedas en silencio unos segundos. Tus gestos muestran esa chispa que trae lo inesperado.

Gestionando la sorpresa con el cuerpo de la emoción

La sorpresa es rápida, como un destello que viaja por tu cuerpo. Cambia tu cara, tu postura y tu respiración. A veces es como un salto alegre, otras como una duda que te deja quieto. Para comprenderla mejor, puedes darle forma con tu cuerpo.

Ponte de pie y conviértete en una escultura de sorpresa: ojos muy abiertos, hombros levantados, boca en «O». Quédate un instante y observa: ¿te sientes rígido?, ¿abierto?, ¿encogido? Después, suéltalo con un movimiento divertido: abre los brazos como una flor de lilium o salta como un lémur alegre.

Otra opción es modelar tu sorpresa con plastilina o arcilla: una figura, un símbolo o algo abstracto que muestre cómo lo sentiste. También puedes dibujarlo en un folio y darle un nombre: «¡Madre mía!», «¿Y esto?» o «No me lo esperaba».

Por último, compártelo con alguien de confianza. Hablar de las sorpresas nos ayuda a comprender si fueron buenas, extrañas o ambas cosas. Y si la sorpresa te incomoda, puedes hacer respiraciones suaves, poner tus manos sobre el pecho o las piernas *(grounding)* y repetir: «Estoy a salvo, solo estoy sorprendido».

La sorpresa es como una chispa

A veces es divertida, a veces desconcertante, pero siempre trae un aprendizaje. Es esa emoción que enciende tus ojos y agita tu corazón por unos segundos, recordándote que la vida también está hecha de instantes inesperados que nos hacen crecer.

34

TRISTEZA

Ay... Soy el Plantánimal Tristeza,[10] y vengo a recordarte que sentir también es parte de sanar. Soy mitad sauce llorón, porque mis ramas se inclinan hacia abajo cuando me siento frágil. Y mitad mamut, fuerte pero muy sensible, que busca abrazos largos para calmarse. Aparezco cuando pierdes algo que querías mucho, cuando extrañas a alguien o cuando las cosas no salen como esperabas. Me muevo despacio y suavemente, pero no vengo para quedarme siempre. Estoy aquí para ayudarte a detenerte, mirar hacia dentro y soltar lo que duele. Cuando me abrazas en lugar de esconderme, puedo ayudarte a sanar con calma y amor.

Lo que sientes cuando estoy contigo...
Cuando llego, me notas como un peso suave en los hombros, como si llevaras una mochila invisible. Tu cuerpo se vuelve lento, los ojos se llenan de lágrimas y buscas un rincón tranquilo. Tu respiración se hace más lenta, como un suspiro largo, y el corazón se

---

10. Gonzalo, Mónica. (2021). *Entiende a Tristeza. Cuento para comprender y aprender a gestionar la tristeza en la infancia.* Editorial Sentir.

siente más blando. ¿Quieres probar tu cara de tristeza? Los ojos se achican, las cejas bajan y los labios se curvan hacia abajo. Tal vez me sientes cuando echas de menos a alguien, cuando algo se rompe o cuando te sientes solo, incluso entre muchas personas.

Lo que piensas cuando siento...

Tus pensamientos dicen: «Esto me dolió», «Echo de menos a alguien» o «Nada salió como quería». A veces todo parece gris y crees que no tienes ganas de nada. Estos pensamientos son importantes: no hay que silenciarlos. Son como nubes que necesitan pasar para que después vuelva a salir el sol. Compartirlos con alguien que te quiera puede darte claridad y alivio.

Lo que haces cuando siento...

Cuando me sientes muy cerca, puedes tener ganas de llorar, de estar solo o de acurrucarte. Quizás hablas poco, tomas tu peluche favorito, miras por la ventana o simplemente buscas un abrazo en silencio. Son señales de que necesitas cuidado. Y está bien. Todos necesitamos detenernos y desahogarnos.

Cómo gestionarme:

❖ **Semáforo de la tristeza**

- ⋏ **Rojo (intensa):** cuando todo parece demasiado, imagina un mamut sentado que respira hondo. Busca a alguien de confianza que te escuche, que te abrace si quieres o que simplemente esté a tu lado. Si sientes que el dolor es muy grande y que no puedes hablar, puedes abrazar tu almohada, tu peluche o escribir en un cuaderno.
- ⋏ **Ámbar (media):** haz respiraciones largas, como si inhalaras nubes grises y las soltaras despacio. Escucha música tranquila o pinta lo que sientes con los colores que prefieras.
- ⋏ **Verde (ligera):** haz algo que te dé alegría: caminar al sol, dibujar un sol amarillo, cuidar una planta o leer un cuento. Y si alguien puede darte un abrazo, tómalo: un abrazo es como un paraguas para un corazón nublado.

❖ **La caja de los sentires**

No es para encerrar emociones, sino para recordarte que puedes abrazar tu tristeza y cuidarte. Busca una cajita o frasco y guarda en papelitos actividades que disfrutas. Puedes prepararla con tu familia. Cuando aparezca la tristeza toma una idea: «Escribir una carta a mi tristeza», «Dibujar cómo me siento», «Hablar con mamá», «Escuchar cómo papá superó una tristeza», «Leer un cuento», «Pedir un abrazo grande»... Pon dentro todo lo que a ti te ayude a sentirte mejor, sin ignorar lo que sientes.

35

VERGÜENZA

Ups, soy el Plantánimal Vergüenza. Soy mitad bromelia rosada y mitad camaleón. Como camaleón, me escondo o me camuflo cuando me siento observado. Y como bromelia, necesito tiempo para florecer: primero me recojo y, solo cuando me siento segura, me muestro. Aparezco cuando haces algo sin querer, como equivocarte al leer en clase o caerte en público, o cuando sabes que hiciste algo que no estuvo bien. Mi color favorito es el rojo, porque a menudo enciendo tus mejillas como un semáforo. No soy mala: llego para avisarte de que necesitas comprender lo que pasó y cuidarte.

Lo que sientes cuando estoy contigo...

Cuando me presento, tu cara se pone roja como un tomate, tu corazón late rápido y tu respiración se vuelve cortita. Quizá quieras taparte, mirar al suelo o esconderte, como el camaleón que se mimetiza. También puedes recogerte en ti mismo, como la bromelia que espera antes de abrirse. ¿Te ha pasado al equivocarte en clase o cuando alguien te dice algo bonito y no sabes qué hacer? Intenta poner tu cara de vergüenza ahora: seguro notas cómo tu cuerpo se encoge un poco.

Lo que piensas cuando aparezco...

Tus pensamientos pueden ser: «Ojalá nadie me haya visto», «Se-

96

guro se ríen de mí» o «Soy un desastre». Es como si tu mente se llenara de dudas y miedo al juicio. Pero muchas veces no es verdad: es solo tu inseguridad hablando. Igual que la bromelia, necesitas tiempo para mirar alrededor, sentir confianza y entonces florecer. Imagina que se te cae un zumo en el comedor y piensas «Todos pensarán que soy un bebé». No siempre es cierto: puede que nadie lo haya notado tanto como tú.

Lo que haces cuando me sientes...
Puedes bajar la cabeza, evitar hablar, reírte de nervios o esconderte en el baño. A veces te tapas con las manos, finges que nada pasó o corres a un lugar seguro. Como la bromelia que tarda en abrirse, cada persona necesita su tiempo para mostrarse. Si alguien elogia tu trabajo, puede que sonrías tímidamente, aunque por dentro estés feliz. Todas esas reacciones son normales: cada uno florece a su manera.

Cómo gestionarme: la máscara y el termómetro del corazón
Toma un folio y dibuja una cara grande, como una máscara.

❖ **Por fuera:** dibuja lo que los demás ven cuando sientes vergüenza (sonrisa incómoda, mejillas rojas, ojos bajos).
❖ **Por dentro:** dibuja lo que realmente sientes (ganas de llorar, un nudo en la garganta, deseo de desaparecer).

Este ejercicio te ayuda a diferenciar lo que muestras de lo que vives, y a entender que tus emociones tienen valor aunque no siempre se vean.

Después, usa el **termómetro del corazón**. Imagina que va del 1 al 10:

❖ **Nivel 1:** solo un calorcito en los mofletes.
❖ **Nivel 5:** quieres esconderte un rato.
❖ **Nivel 10:** sientes que vas a explotar por dentro.

Puedes colorearlo: azul para baja, naranja para media, rojo para muy alta. Pregunta a mamá o papá: «¿Dónde estaba mi vergüenza hoy, en un 3 o en un 8?». Luego habladlo juntos, haced un dibujo o respirad suavemente tres veces para soltar tensión.

Recordatorio final

No llego para dañarte: aparezco para protegerte. Cuando me dibujas, me nombras y me entiendes, me hago más pequeña. Como la bromelia que florece a su tiempo, tú también puedes aprender a abrirte poco a poco, sin dejar de cuidarte.

HEMOS LLEGADO AL FINAL DE ESTE MARAVILLOSO VIAJE EMOCIONAL

Y así llegamos al final de este viaje mágico por los 35 estados del corazón.

Has conocido a Plantanimales curiosos, suaves, ruidosos, saltarines y tranquilos. Has aprendido que **sentir es natural**, y que **todas tus emociones tienen algo que contarte**. Este libro no termina aquí: **ahora vive en ti**; en tu cuerpo, en tus palabras, en los abrazos que das, en lo que compartes con quienes más te quieren.

Gracias por explorar con tanto corazón, por abrir espacio a la risa, al llanto, a la calma y al enfado. Gracias por crecer sin tener que ser perfecto. Y, sobre todo, gracias por sentir. Porque **sentir es vivir, y vivir con conexión lo cambia todo**.

Para las familias

Cada una de las 35 emociones abordadas en este libro puede verse desde distintas dimensiones: algunas son **emociones básicas**, otras son **emociones sociales o complejas**, algunas se sienten como **estados corporales o físicos**, otras como **sentimientos o estados de ánimo**. Esto no es para poner etiquetas rígidas, sino para **acompañar mejor**, reconociendo cómo las emociones nacen, se mezclan, se transforman y cómo cada una es parte de nuestra experiencia como seres humanos.

A continuación, encontraréis una pequeña guía clasificatoria para entender mejor de dónde vienen y cómo pueden vivirse las emociones que habéis conocido a lo largo del cuento.

Emoción	Clasificación
Aburrimiento	Estado de ánimo
Agradecimiento	Emoción social
Alegría	Emoción básica
Amabilidad	Actitud / Valor afectivo
Amor	Emoción compleja / secundaria
Asco	Emoción básica
Calma	Estado emocional / estado regulado
Cansancio	Estado físico / somático
Cariño	Emoción social / afectiva
Celos	Emoción secundaria / social
Confianza	Sentimiento / estado afectivo
Culpa	Emoción secundaria / social
Desilusión	Emoción secundaria / mezcla de tristeza y expectativa
Dolor	Sensación física y/o emocional
Empatía	Capacidad emocional / social
Enfado	Emoción básica
Entusiasmo	Estado emocional positivo / activador
Frustración	Emoción secundaria / reactiva
Generosidad	Actitud emocional / valor
Hambre	Sensación física / necesidad
Humor	Estado emocional / estilo de afrontamiento
Ilusión	Estado emocional positivo / expectativa
Miedo	Emoción básica
Nervios	Estado emocional / activación fisiológica
Odio	Emoción secundaria / intensa
Preocupación	Estado mental / anticipación ansiosa
Rabia	Emoción básica (intensa)
Rechazo	Emoción secundaria / respuesta social
Respeto	Valor / actitud afectiva
Seguridad	Sentimiento / estado interno
Simpatía	Emoción social / afinidad afectiva
Soledad	Estado afectivo / emocional
Sorpresa	Emoción básica
Tristeza	Emoción básica
Vergüenza	Emoción secundaria / social

 # PRESENTACIÓN DE EDITORIAL SENTIR

Si has llegado hasta este cuento es muy probable que seas una persona sensibilizada con la infancia y sus diferentes etapas evolutivas, así como una persona interesada por la educación, la psicología y por un trato justo y respetuoso para todos los niños y niñas de este planeta.

De una manera sencilla y dinámica, a través de nuestros cuentos, queremos mostrar a los pequeños diferentes situaciones que pueden estar atravesando ellos mismos o bien otros niños o niñas de su entorno. La idea es que, a través de sencillos relatos los niños tengan un acercamiento a diferentes situaciones y recursos, y adquieran habilidades intrapersonales e interpersonales.

Desde Editorial Sentir queremos agradecer a todas las personas que nos siguen y acompañan en cada uno de los nuevos cuentos que vamos publicando. Gracias por vuestra implicación, preocupación y dedicación a los niños, niñas y familias de este planeta. Brindáis así a los más pequeños un mundo más amable y acogedor.

Gracias de todo corazón,

Mercedes Bermejo
Directora editorial
info@editorialsentir.com

Para más información, nuevas publicaciones y novedades,
entra en **www.editorialsentir.com** y síguenos en nuestras redes sociales:

▶ Editorial Sentir   f Editorial Sentir   📷 @EditorialSentir

AF274725

ESTRATEGIAS

ANTI-BICHOS

PARA EL HOGAR

**Sin complicaciones · Sin pesticidas
Sin gastos**

Chloé Metahri

Autora del blog My Slow Life

ESTRATEGIAS

ANTI-BICHOS

PARA EL HOGAR

**Sin complicaciones · Sin pesticidas
Sin gastos**

Título original: *Stratégie Anti-Bestioles á la Maison,* Chloé Metahri

© Obra primeramente publicada en francés por Éditions Rustica, París, Francia, 2022

Todos los derechos reservados

© 2024, Ediciones Mundi-Prensa, un sello de Grupo Paraninfo

C/ Sierra de Guadarrama 35. Naves 2, 3, 4 y 5
Polígono Industrial San Fernando II,
28830 San Fernando de Henares, Madrid
Teléfono: 914 463 350
clientes@paraninfo.es / www.paraninfo.es

Créditos iconográficos
Portada e ilustraciones: Maxime Morin (excepto interior
Shutterstock: p.13, 19, 20, 25, 27, 29, 30, 33, 34, 36, 39, 41,48,
52, 53, 62, 64, 66, 68, 70, 71)
Fotos y motivos: Shutterstock, excepto iStock p. 7, 8, 23, 32,
36, 47, 64, 65, 66, 67

Editora: Carolina Centeno Díaz
Traductora: Ana Useros Martín

Impresión: Lavel Industria Gráfica (Humanes de Madrid, Madrid)
ISBN: 9788484769811

Depósito legal: M-7051-2024

Impreso en España

Cualquier forma de reproducción, distribución, comunicación pública o transformación de esta obra solo puede ser realizada con la autorización de sus titulares, salvo
excepción prevista por la ley. Diríjase a CEDRO (Centro Español de Derechos Reprográficos, www.cedro.org <http://www.cedro.org>) si necesita fotocopiar o escanear
algún fragmento de esta obra.

SUMARIO

INTRODUCCIÓN

Ah, ¡los bichitos! ¿Quién no ha tenido ganas de gritar a esas criaturitas que viven junto a nuestra cama y que a veces pueden convertir nuestra vida cotidiana en un verdadero incordio? Recuerdo que de pequeña me quejaba a mis padres porque todos los veranos las hormigas no podían resistirse a instalarse en nuestro salón, cerca de una ventana francesa. Más tarde, cuando las hormigas voladoras hicieron su nido en mi habitación del segundo piso, la poca benevolencia que tenía hacia ellas desapareció de la noche a la mañana. *«¡Pero si solo son hormigas!»* Ya, pero cuando salen en masa, no solo puedes asustarte rápidamente, sino que oírlas volar toda la noche no es nada agradable.

Estas pequeñas criaturas con las que convivimos pueden ser una gran fuente de angustia e incluso convertirse en una fobia. También se convierten rápidamente en un azote cuando atacan nuestras compras, nuestra ropa, nuestros objetos o incluso nuestras casas... Hay multitud de bichos y todos nos enfrentamos a ellos, ¡vivamos en la ciudad o en el campo! Y sé bien de lo que hablo, pues he vivido 27 años en una ciudad dormitorio de París antes de mudarme al campo, a Touraine, y puedo decirte que aún sigo descubriendo bichos...

Aunque he conseguido superar mis miedos a algunas cosas —como a las arañas—, todavía no me siento muy cómoda cuando veo ciertos insectos y tengo que admitir que a veces sigo gritando a las moscas de la cocina, sacudiendo el paño de cocina para que se vayan... o despertando a mi marido para que dirija una campaña militar antimosquitos en el dormitorio a las 4 de la mañana (¡pobrecito, soy lo peor!).

Pero, como sabes, la Madre Naturaleza lo tiene todo pensado y, si estas criaturitas existen, es porque tienen un papel real que desempeñar en el ciclo de la vida. Ayudan a regular ciertas poblaciones de insectos y limpian todo nuestro mundo, tanto dentro como fuera de casa. Así que, aunque es cierto que a menudo nos cuesta convivir con ellos, respiremos hondo y descifremos a estos bichos cotidianos, lo que aportan a la biodiversidad y, sobre todo, cómo anticiparnos a sus intrusiones en casa y, si es necesario, ¡cómo mantenerlos fuera!

En este libro encontrarás ideas para anticiparte y hacer frente a los bichos que viven en nuestras casas, de forma suave y natural. Al final del libro, descubrirás que puedes dejar a un lado los insecticidas y las trampas químicas antimosquitos, porque hay un montón de soluciones no convencionales disponibles. ¡Empecemos!

LOS DIFERENTES MODOS DE ACCIÓN

A veces, no es fácil convivir con ciertos bichos… ¡y más cuando les tienes verdadera fobia! A pesar de ello, hay formas de deshacerse de ellos y soluciones perfectamente naturales. En las páginas siguientes profundizaremos en los remedios para cada bicho, pero aquí vamos a enumerar los 2 puntos esenciales: ¡los métodos preventivos y los métodos para enfrentarse a la invasión!

 ## Métodos preventivos

No me cansaré de repetirlo en el resto de este libro, pero la mejor forma de luchar contra los animalitos que entran en nuestras casas contra nuestra voluntad es y sigue siendo ¡la acción preventiva! No se trata de matarlos (aunque, por desgracia, a veces puede ser necesario), sino simplemente de dejarlos, por así decirlo, a las puertas de tu casa y no darles ganas de ir a vivir contigo.

El método preventivo esencial es, sencillamente, un estilo de vida sano:

- Ventila todas las habitaciones todos los días.
- Limpia con regularidad: lava los platos, pasa la aspiradora, friega el suelo y las alfombras, etc.
- No dejes alimentos de ningún tipo al aire libre.
- Una vez que hayas hecho la compra, tómate siempre el tiempo necesario para guardarlo todo.

Todos estos puntos pueden parecerte de sentido común pero, a menudo, son estos pequeños descuidos (falta de tiempo debido a una apretada agenda diaria, un poco de *pereza* el fin de semana, etc.) lo que hace que se cuelen en nuestras casas todo tipo de bichitos.

 ## La caja de herramientas esencial

A pesar de tener una higiene estupenda, puede ocurrir que ciertos bichos se cuelen en tu casa. Por eso debes tener siempre a mano ciertos productos esenciales para prevenir una posible invasión.

Bicarbonato de sodio

Es una especie de ingrediente milagroso para el hogar. Además de sus muchos y variados usos para la limpieza, también es muy eficaz contra los insectos, ya que tiene propiedades absorbentes. Si el insecto lo ingiere, el bicarbonato absorberá toda su humedad.

Así que espolvorea regularmente bicarbonato por los vanos de tu casa o en las grietas, que son un verdadero refugio para ciertos insectos, como las hormigas.

Tierra de diatomeas o diatomita

La tierra de diatomeas es un insecticida natural muy potente. Al igual que el bicarbonato sódico, hay que colocarla en determinados lugares estratégicos. Es muy eficaz contra hormigas, chinches, pulgas, chinches de sótano, escarabajos y cucarachas.

La tierra de diatomeas es un concentrado de algas microscópicas de origen orgánico y fósil. Tiene propiedades abrasivas que «cortan» a los insectos y es mortal para ellos.

Vinagre blanco

Además de su formidable potencia como limpiador, el vinagre blanco forma parte del armamento anti insectos porque es un excelente repelente, especialmente para los insectos.

Aceites esenciales

Por último, el último elemento esencial de tu caja de herramientas: los aceites esenciales. Por nombrar solo 3:

- Aceite esencial de citronela.
- Aceite esencial de menta.
- Aceite esencial de lavanda.

Los aceites esenciales, colocados estratégicamente o pulverizados, repelen y ahuyentan a los bichos por su olor.

Actúa y reacciona bien

Por supuesto, todo lo anterior puede no ser suficiente. En caso de invasión de bichos indeseables, lo primero que hay que hacer es no dejarse llevar por el pánico. Hay soluciones naturales para combatirlos y expulsarlos, como veremos a continuación. Una vez hayas dado este paso, tendrás que poner en práctica todas las medidas preventivas que encontrarás a continuación en la ficha de cada bicho.

LOS BICHOS EN GENERAL

En nuestras casas

Nuestras casas son el patio de recreo y el escondite favorito de los insectos. Muchos bichos se cuelan en nuestras casas y no hay habitación que se salve. Mientras que algunos, como las arañas, son muy útiles en el hogar, otros se convierten rápidamente en una molestia y pueden causar daños importantes. Estoy pensando, por ejemplo, en las polillas que nos agujerean la ropa y también en los mosquitos que, literalmente, nos impiden dormir. Hay algunos trucos que puedes poner en práctica antes de que lleguen y proliferen, que pueden ayudarte a mantenerlos alejados. Una vez que se han instalado, hay muchos trucos naturales que puedes utilizar para deshacerte de ellos.

Hormigas

TEMPORADA: primavera · **GRADO DE MOLESTIA:** 🐜 🐜 🐜 · **GRADO DE RESISTENCIA:** 🐜 🐜 🐜

¡Mis grandes amigas! Si recuerdas las primeras líneas de este libro,
sabrás que lo nuestro es una historia de amor. El principal problema de las hormigas
es que ¡nunca vienen solas! Viven en colonias y, cuando encuentran
un lugar donde asentarse, es muy difícil desalojarlas.
Además, es frecuente encontrarlas en el mismo lugar de un año para otro,
a pesar de que te ocupes de ellas en cuanto aparece el hormiguero.

![] El bicho

Las hormigas suelen aparecer en nuestras casas a lo largo de la primavera. Van buscando comida e irán directamente a aprovisionarse a nuestra despensa.

Durante la estación fría, suelen permanecer calientes bajo tierra, lo que garantiza su supervivencia, y por eso no las vemos en invierno.

2 tipos de hormigas

Hay distintos tipos de hormigas:

- A las **hormigas carpinteras** les gusta vivir en las vigas del tejado de las casas, donde pueden excavar numerosas galerías. Si tu casa tiene vigas vistas de madera, no dudes en revisarlas regularmente. Las tiendas de bricolaje también venden productos de tratamiento que pueden aplicarse para mantener a raya las plagas.
- A las **hormigas faraonas** les gustan los alimentos dulces y son bastante comunes en nuestro país.

Son astutas, las hormigas

Las hormigas rara vez entran en casa por los puntos de entrada (ventanas, puertas). De hecho, suelen entrar por pequeños huecos o grietas. Lo primero que tienes que hacer es revisar la casa con regularidad buscando esos pequeños lugares donde puedan tener campo libre.

Mi anécdota

Aunque sea poco frecuente, es posible limitar o incluso impedir la entrada de hormigas y otros insectos a través de ventanas y puertas: basta con espolvorear un poco de bicarbonato sódico o sal en las ranuras de la parte inferior de las aperturas, pero también por los lugares que recorren.

 # Desviar una colonia de hormigas

Si ves hormigas en tu casa, en la planta baja, en el piso de arriba o incluso en el sótano, no hace falta gasear a todo el mundo para que se vayan. Unos cuantos trucos y productos naturales son muy eficaces.

Bicarbonato de sodio

Solo o mezclado con azúcar, es una trampa natural fácil de conseguir. Como los 2 productos tienen una consistencia similar, la hormiga ingiere la mezcla. Mientras que el azúcar no le causa ningún daño, el bicarbonato de sodio, en contacto con los jugos digestivos de la hormiga, desencadena gases mortales.

Bicarbonato de sodio

Tiza

Machacada y espolvoreada en los lugares por donde pasan las hormigas, les hace saber que no son bienvenidas. La tiza se adhiere a las patas de las hormigas, causándoles grandes molestias.

Posos de café

Su olor fuerte y persistente mantiene alejadas a las hormigas.

Tierra de diatomeas

Compuesta por fragmentos fósiles, lesiona el cuerpo de la hormiga, que no volverá a pasar por la zona donde la hemos esparcido.

Zumo de limón y vinagre

Son excelentes repelentes. Hay que rociarlos en las zonas donde hayan estado las hormigas.

 ## Importante

Todas estas soluciones, además de ser naturales e inofensivas para el ser humano, son muy baratas, comparadas con los productos químicos que se venden en los supermercados y otras tiendas. Ponedlos todos los días de verano para que su efecto sea más eficaz.

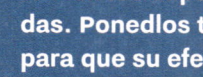

Tiza

Posos de café

Tierra de diatomeas

Zumo de limón y vinagre

Arañas

TEMPORADA: finales de verano-principios de otoño · **GRADO DE MOLESTIA:** 🕷 🕷 🕷 · **GRADO DE RESISTENCIA:** 🕷 🕷 🕷

Como muchísima gente, durante muchos años tuve fobia a las arañas y, antes de adoptar un estilo de vida más respetuoso con el medio ambiente, reconozco que mi aspiradora y mi bote de insecticida hicieron sucumbir a muchas de ellas. Hoy no me enorgullece decirlo. Por fin he superado esta fobia y ahora —a menos que encuentre un ejemplar bajo mi almohada, lo cual no es ninguna exageración— convivo perfectamente con estos bichitos, ¡sea cual sea su tamaño! Incluso salvé a una de morir ahogada el año pasado en mi lavadero, aunque su cuerpo fuera del tamaño de una moneda de 50 céntimos (te dejo imaginar su tamaño con patas incluidas).

El bicho

Las arañas no se consideran insectos porque no tienen antenas y porque su cuerpo tiene 2 partes, frente a las 3 de los insectos.

Tienen una cabeza fusionada al tórax, un abdomen y 8 patas, ¡esas patitas que nos gustan tanto! Hasta la fecha, existen más de 40.000 especies de arañas y, afortunadamente para quienes son como yo, las que nos encontramos son generalmente inofensivas porque no son venenosas. Eso no significa que no debamos desconfiar de ellas.

Precaución

La araña puede picar y la picadura puede hincharse y doler durante unos días.

Una reguladora de "insectos"

Las arañas desempeñan un papel importante en el medio ambiente, ayudando a regular las poblaciones de insectos. En Francia, solo comen pequeños insectos, a diferencia de lo que ocurre en otros países, donde las especies más grandes pueden comer pequeños mamíferos y aves.

Es difícil combatir a las arañas

Como son una especie reguladora, te conviene vivir en armonía con las arañas. Su ausencia se entiende como sinónimo de limpieza en el hogar pero, en realidad, contribuyen a limitar la proliferación de muchos insectos en tu casa, ¡empezando por las moscas, las mosquitas y los mosquitos!

Las arañas y el calor de la casa

Las arañas suelen presentarse en nuestras casas en otoño. Cuando empieza a hacer frío buscan el calor de nuestros hogares.

Cada vez que ventilas tu casa, entran a buscar refugio. Si realmente no soportas verlas o saber que convives con ellas, puedes invitarlas a salir —preferiblemente sin matarlas— utilizando un vaso y un trozo de papel, por ejemplo.

Sin embargo, tenéis que saber que, cuando hace mucho frío, las tegenarias no sobreviven al aire libre.

Sus lugares favoritos

Les gusta esconderse en las esquinas de las paredes o techos, en la ropa que no se usa todos los días (los jerseys o los abrigos, por ejemplo) y les encantan los objetos en los que se pueden enterrar (como mochilas o bolsos). Les gusta especialmente el mimbre y se esconden en su trenzado.

Recuerda sacudir y aspirar regularmente estas zonas si no quieres arañas en tu casa.

Por supuesto, se encuentran regularmente en los sótanos, bodegas y garajes.

Mi anécdota

En casa hemos optado por invitarlas a «esconderse», por ejemplo empujándolas suavemente a un rincón, debajo de un mueble o dentro de un armario (con el susto cuando cogemos un abrigo). De este modo, no las vemos y ellas pueden hacer su vida sin darnos un susto de muerte.

 Conviene saber

Los mosquiteros pueden ser también muy eficaces para que no entren arañas en la habitación.

 # Alejar a las arañas

Para mantener a estos bichos fuera de tu casa, también puedes preparar un spray. Aquí tienes algunos ejemplos:

- Vinagre blanco.
- Agua y aceite esencial de lavanda (fino).
- Agua y aceite esencial de árbol de té.
- Agua y aceite esencial de menta.

Una vez que hayas preparado una de las mezclas, rocíala alrededor de puertas y ventanas o en lugares donde hayas observado que a las arañas les gusta anidar. Tendrás que repetir esta acción regularmente, ya que los aceites esenciales son volátiles y su acción no dura más de 1 o 2 días. Precaución: no más de 5 a 10 gotas por 500 ml de agua.

Las polillas de la ropa

TEMPORADA: primavera-verano · **GRADO DE MOLESTIA:** 🐜 🐜 🐜 · **GRADO DE RESISTENCIA:** 🐜 🐜 🐜

En el capítulo sobre los bichos de la cocina, hablaré de las polillas de la comida. Pero debes saber que estos insectos también pueden encontrarse en otras habitaciones de la casa, como el vestidor o el armario de los abrigos. Las llamamos polillas de la ropa.

 ## El bicho

La diferencia entre las polillas de la comida y las que se dedican a la ropa es el color. En la cocina son pequeñas polillas marrones, mientras que en los armarios suelen ser blancas/grises. Sus larvas atacan la ropa, sobre todo la de lana o seda. Mordisquean las fibras, creando pequeños agujeros en la ropa, así como en otros tejidos, como las cortinas e incluso las alfombras.

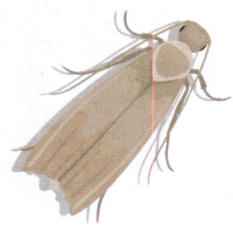

Prevención contra la polilla de la ropa

En general, a las polillas les gusta atacar la ropa o los tejidos que se usan poco durante mucho tiempo. Por ejemplo, rara vez llevamos jerseys en verano, así que tienen todo el tiempo del mundo para atacar las fibras.

Lo mismo ocurre con las alfombras: las larvas de la polilla de la ropa suelen vivir debajo de ellas. Las cortinas también se ven afectadas, sobre todo si no las usas a diario.

Desalojar a las polillas

El primer truco es sacudir regularmente toda la ropa y otros textiles que no utilices a lo largo del año para desalojar las polillas que pudieran haberse instalado allí cómodamente.

Almacenar la ropa

Guarda la ropa que no te pones con regularidad, como los jerseys de lana o cachemira, que se quedan en el armario durante muchos meses al año, en una caja hermética o en bolsas diseñadas para guardar ropa. Algunos sistemas son incluso «ahorradores de espacio», ya que se puede hacer el vacío en la bolsa, lo que facilita que quepa en espacios reducidos.

Para el resto de textiles

Para las alfombras, lo mejor es aspirarlas con bastante regularidad, por un lado y por el otro (que es algo que seguro que no habías pensado).

Algunas alfombras no se pueden lavar, o al menos no fácilmente, pero se puede conseguir una buena higiene aspirándolas una vez a la semana más o menos.

En cuanto a las cortinas, acuérdate de sacudirlas una vez a la semana. Así también se limita la acumulación de polvo que acaba volando y aterrizando en las superficies planas de la casa. Y lávalas una vez al mes.

Las cortinas rara vez se ensucian, así que un programa rápido de 20 o 30 minutos en la lavadora a temperatura muy baja será más que suficiente para limpiarlas, pero asegúrate de adaptar la limpieza al material de tus cortinas.

Una anécdota

Para evitar que las polillas entren en los armarios, coloco trozos de madera de cedro en las perchas. Mi abuela y mi madre siempre lo hacían y yo he mantenido la costumbre. La madera de cedro tiene un olor que las polillas no soportan y este truco es 100% natural, sin productos químicos.

Anticiparse a la invasión de polillas

Como ocurre con muchos otros insectos, se pueden utilizar ciertos aceites esenciales para anticiparse a la invasión de polillas y, si es necesario, expulsarlas si entran en casa.

Aceites esenciales y bolsitas de hierbas

Por ejemplo, puedes utilizar unas gotas de esencia de cítricos o aceite esencial de lavanda, árbol del té o eucalipto radiata para repelerlas. Puedes usar para ello un trocito de tela, un pequeño objeto de cerámica o un trozo de madera.

También puedes, como se hacía antiguamente, preparar pequeñas bolsitas de plantas secas, como la lavanda o incluso la adelfa, y colocarlas en varios lugares del armario. Los trocitos de jabón de Marsella también son muy eficaces.

Una limpieza rigurosa

Una buena higiene será tu mejor aliada para evitar la invasión de polillas.

- Ventila regularmente tus habitaciones.
- Al menos una vez al año, limpia bien los armarios: pasa la aspiradora y luego un paño húmedo con vinagre blanco para fregar bien las baldas.
- No guardes en el armario ropa que ya se haya usado, ya que las polillas se sienten atraídas de forma natural por el olor a sudor.
- Rocía regularmente las alfombras y cortinas con un spray con agua y unas gotas de aceite esencial de lavanda o eucalipto.
- Difundir aceites esenciales durante unos minutos (no más de 15 minutos) al día también puede ser eficaz.

Recuerda airear después de la difusión y evita esparcir aceites esenciales con demasiada frecuencia si tienes compañeros de cuatro patas en casa. Nuestras mascotas tienen un sentido del olfato mucho más sensible que el nuestro y pueden experimentar un auténtico infierno olfativo con los aceites esenciales. Es más, en dosis elevadas también pueden causar saturación hepática, tanto en humanos como en animales. He aquí los mejores aceites esenciales para la difusión: lavanda fina, eucalipto radiata o globulus, por ejemplo.

Una anécdota

En casa tenemos un galán de noche junto a la cama. Es donde ponemos la ropa que nos hemos puesto una vez y que podemos volver a ponernos en los próximos días (como los vaqueros o las chaquetas).

Mi ropa tiene agujeros

No dudes en ahuyentar a las mariposas que encuentres cerca de los armarios y los textiles de la casa: así evitarás que pongan huevos.

Las polillas suelen entrar en nuestras casas cuando las ventanas están abiertas (durante el verano, por ejemplo) y ponen rápidamente sus huevos en la ropa que no se usa.

Clasificar y limpiar

Si encuentras agujeros en tus jerseys, saca toda la ropa —puede ser un buen momento para seleccionarla, Marie Kondo y su método podrían ser útiles—, sacúdela toda y dale una buena limpieza a tu armario: pasa la aspiradora, luego limpia con un paño húmedo y vinagre blanco.

Tendrás que lavar a máquina toda tu ropa para que quede fresca y matar las larvas.

Para los jerseys de fibras naturales (lana, cachemira), lo mejor es meterlos 24 horas en el congelador (en una bolsa de congelación para que no entren en contacto con la humedad). Las larvas de polilla no resisten las temperaturas bajo cero. Después puedes lavarlos a mano o en el programa de lana de la lavadora.

Prevención

Una vez que toda tu ropa esté limpia, coloca en ella portaesencias o bolsitas repelentes de polillas. Como recordatorio, en tus armarios puedes poner:

- Bolsitas de lavanda, laurel, menta y tomillo, todo ya seco.
- Ramitas de eucalipto (disponibles en tu floristería o planta una en el jardín).
- Trozos de jabón de Marsella.
- Trozos de madera de cedro.
- Bolsas con virutas de lápiz (coge las que les queden a tus hijos después de afilar los lápices de colores).
- Naranjas o limones con clavo, porque a las polillas no les gusta nada el olor de los cítricos.
- Soportes cerámicos, por ejemplo, en los que puedes colocar unas gotas del aceite esencial que prefieras (lavanda, eucalipto, tomillo, etc.).

 Importante

Ten en cuenta que ventilar regularmente la ropa y sacudirla o un almacenaje hermético de lo que no te pongas durante una temporada larga ayudarán mucho a limitar o evitar la proliferación de la polilla de la ropa. Una buena higiene vital por supuesto será un plus: lava la ropa en cuanto huela a sudor y usa productos adaptados. En fin, en la medida de lo posible, trata de no dejar a oscuras las habitaciones con textiles, ropa, alfombras o cortinas, porque a las polillas no les gusta la luz y los lugares cerrados y oscuros son perfectos para su desarrollo.

Los mosquitos

TEMPORADA: primavera-verano · **GRADO DE MOLESTIA:** ✹ ✹ ✹ · **GRADO DE RESISTENCIA:** ✹ ✹ ✹

¡Qué insectos tan extraordinarios son los mosquitos! Tan pequeños, pero tan molestos… ¡Ese bichito al que nunca invitas a entrar en tu casa o en tu balcón/terraza, que siempre te anuncia su presencia con su suave zumbido en el oído, que siempre te ataca cuando crees que estás en paz y disfrutando de una agradable velada con amigos, o cuando acabas de caer en un sueño placentero! En resumen, como habrás deducido, los mosquitos son la maldición de la existencia de muchas personas, en mi caso quizás incluso más que las moscas. Y si, además de no gustarte, la picadura te da alergia, es la guinda del pastel… Desde hace años, estoy en guerra con los mosquitos porque, en cuanto me pican, no me sale un grano, sino una pelota de ping-pong.

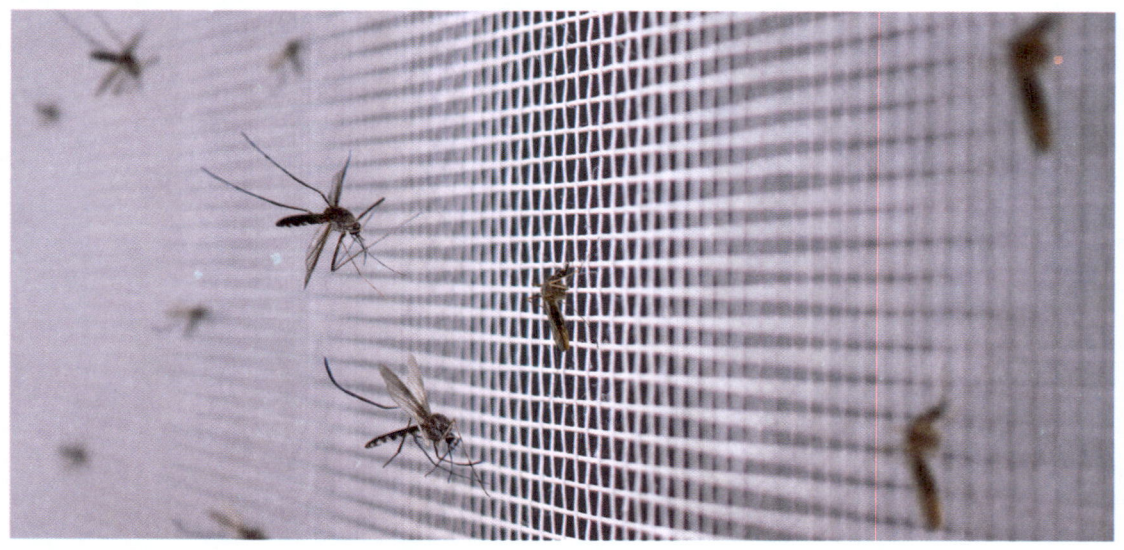

El bicho

El mosquito es, por definición, LA desagradable criaturita que vuela y... ¡pica! Pertenece a la familia de los dípteros y son las hembras las que tienen la molesta costumbre de chuparnos la sangre.

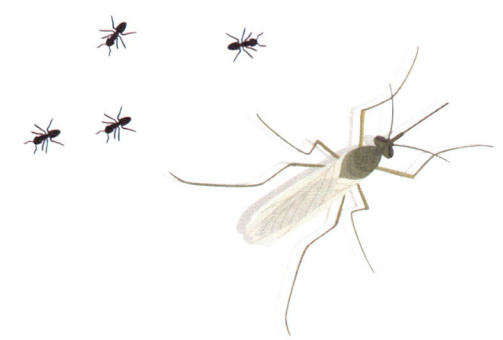

La clave del éxito: ¡la prevención!

No hay 36.000 maneras de evitar las molestias causadas por los mosquitos. Lo mejor es mantenerlos fuera, a cualquier precio, si me permites decirlo. Porque, una vez dentro, no hay mucho que puedas hacer, aparte de iniciar la cacería...

Empecemos por instalar mosquiteras. En las ventanas o sobre la cama, depende de ti, pero es una forma muy eficaz de mantenerlos alejados.

También está el aceite esencial de citronela. Sinceramente, no he encontrado un producto más eficaz que este para mantenerlos alejados. Ni siquiera los productos químicos convencionales lo mejoran, lo que demuestra que la naturaleza nos proporciona todo lo que necesitamos. Hay varias formas de utilizarlo:

- En forma de vapor, 15 minutos antes de acostarte.
- Unas gotas en un platito en tu mesilla de noche.
- En una mezcla para recubrir el cuerpo (consulta la receta en la página siguiente).
- También puedes añadir unas gotas a una vela que pongas en tu mesa exterior a la hora de comer, por ejemplo.
- Y, por último, hay antorchas que se pueden plantar en una maceta llena de tierra o arena, o simplemente en el jardín, y que, cuando están encendidas, desprenden un olor que ahuyenta a los mosquitos. Estas antorchas, en forma de grandes velas o de antorchas con aceite, suelen encontrarse en las tiendas de jardinería.

ACEITE CORPORAL ANTIMOSQUITOS

Este aceite puede aplicarse sobre el cuerpo para ayudar a prevenir las picaduras. Con unos pocos ingredientes que puedes encontrar en tiendas ecológicas, puedes prepararlo de forma muy sencilla y en muy poco tiempo.

~~~~~~~~~~~~~~~~~~~~~~~~~~

- 30 ml de aceite vegetal, como el de avellana, que penetra bien en la piel ✳ 25 gotas de aceite esencial de citronela ✳ 25 gotas de aceite esencial de eucalipto limón ✳ 25 gotas de aceite esencial de geranio rosa (también conocido como geranio bourbon) ✳ 2 gotas de vitamina E (es un conservante natural, que impide que el aceite se ponga rancio. Si no quieres utilizarlo, puedes dividir las dosis de esta receta para hacer solo una pequeña cantidad cada vez).

~~~~~~~~~~~~~~~~~~~~~~~~~~

1. Mezcla todos los ingredientes y pásalos a un pulverizador. Agítalo antes de cada aplicación.

2. Ponte un poco en cuanto lo necesites y no dudes ponerte más por la noche.

Algunas recomendaciones para utilizar los aceites esenciales

- ¡No lo utilices en la cara! Este aceite debe mantenerse alejado de la luz y el calor.
- No es aconsejable aplicar el aceite esencial antes de exponerse al sol, ya que puede quemar la piel.
- El aceite esencial de lavanda no se recomienda durante el primer trimestre del embarazo.
- El aceite esencial de menta piperita no se recomienda a las mujeres embarazadas y en periodo de lactancia, a los niños menores de 7 años ni a los ancianos.
- El aceite esencial de citronela es irritante en estado puro y debe utilizarse siempre diluido sobre la piel. No se recomienda durante los 3 primeros meses de embarazo.
- El aceite esencial de eucalipto de limón está prohibido durante el primer trimestre del embarazo.
- El aceite esencial de geranio rosa no se recomienda durante los 3 primeros meses de embarazo.

Una anécdota

Mientras escribo estas líneas, estoy embarazada y el uso de aceites esenciales es muy complicado cuando estás embarazada o amamantando. Debes saber que la marca Pranarôm® ofrece varios productos naturales adecuados para las mujeres embarazadas y lactantes y los niños pequeños. Durante todo el verano, he podido utilizar una loción corporal para la prevención y un roll-on para calmar las picaduras.

Las plantas y los mosquitos

También puedes colocar algunas especies de plantas que repelen naturalmente a los mosquitos en la terraza, las ventanas, balcones o alféizares. Por ejemplo, hay variedades de geranio que repelen a este insecto, porque desprenden un olor que les resulta nauseabundo. La menta piperita y la albahaca también son excelentes repelentes naturales.

 Conviene saber

Hay que evitar también, en la medida de lo posible, encender la luz con las ventanas abiertas. Esto limitará la entrada de mosquitos, pero también de las mariposas nocturnas.

El agua y los mosquitos

Asegúrate de que no haya agua estancada cerca de tu casa.

- Si tienes una piscina, debes añadir los productos necesarios para tratar el agua, de lo contrario se convertirá en gigante criadero de larvas de mosquito.
- Limpia los canalones con regularidad porque, cuando están obstruidos con hojas y otros desechos, es más probable que se encharquen: el agua no drenará, proporcionando un perfecto lugar para que desoven las hembras de mosquito.
- Evita que el agua se estanque (platillos de macetas, regaderas, macetas de todo tipo).

 ## ¿Cómo manejar las picaduras de mosquito?

En las tiendas de productos ecológicos, farmacias y droguerías, encontrarás una amplia gama de marcas que ofrecen productos para repeler a los mosquitos y aliviar las picaduras.

También hay algunos trucos sencillos y eficaces que pueden ayudar:

- Aplica una compresa con vinagre de sidra.
- Haz una cataplasma de arcilla verde.
- Masajea la picadura con aceite esencial (geranio bourbon o lavanda...).
- Y, sobre todo, no te rasques la zona para limitar la acción del veneno inyectado y no acabar con la piel en carne viva.

Las chinches

TEMPORADA: todo el año[1] · **GRADO DE MOLESTIA:** ✳ ✳ ✳ · **GRADO DE RESISTENCIA:** ✳ ✳ ✳

Estos insectos son dignos de una película de terror, porque una vez que se han instalado, ¡es muy, muy difícil deshacerse de ellos sin sacar la artillería pesada! A este parásito marrón le gusta vivir en los somieres y junto a nuestros colchones. Esperan a que caiga la noche para salir de su escondite, luego nos muerden y nos chupan la sangre a los humanos. Hacía tiempo que no habíamos oído hablar mucho de este insecto, pero ha reaparecido en los últimos veinte años.

1. Con la calefacción de la casa, ya no necesitan hibernar en invierno.

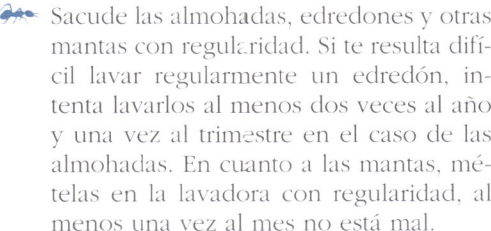 El bicho

Las chinches suelen prosperar en países cálidos y húmedos y se meten fácilmente en una maleta, de ahí su regreso a Europa...

Este bichejo es especialmente temible, ya que puede vivir hasta 6 meses si permanece activo, y hasta 1 año si entra en fase de sueño.

¡No vas a volver a mi casa, chinche!

Si hay un insecto que merece la máxima prevención, es la chinche. Porque una vez que se han instalado, son un verdadero calvario. Así que, ¿cómo evitar que entren en tu casa?

En la habitación

- En el día a día, practica una buena higiene en los dormitorios: abre las persianas y ventila la habitación durante al menos 5 minutos cada mañana, aunque haga frío fuera. Además de renovar el aire, conseguirás que las chinches pasen un poco de frío, que no les gusta nada.

- Sacude las almohadas, edredones y otras mantas con regularidad. Si te resulta difícil lavar regularmente un edredón, intenta lavarlos al menos dos veces al año y una vez al trimestre en el caso de las almohadas. En cuanto a las mantas, mételas en la lavadora con regularidad, al menos una vez al mes no está mal.

- Cambia y lava las sábanas una vez a la semana. Esto también evita la proliferación de ácaros del polvo, que pueden provocar problemas de alergia.

- Aspira regularmente el colchón y el somier, aspira debajo de la cama y, si tienes suelos de madera en los dormitorios, asegúrate de aspirar las ranuras al menos una vez cada tres meses.

- Limpia regularmente los cabeceros y las mesillas de noche con un paño húmedo y vinagre blanco.

- También puedes difundir aceites esenciales durante 15 minutos al día para mantenerlas alejadas.

En el resto de la casa

Con el desarrollo del comercio electrónico y las compras de segunda mano, las chinches han encontrado un nuevo vehículo para desplazarse: las cajas de cartón. No es raro oír hablar de una invasión en un almacén. Además, nunca se conoce la higiene de las personas a las que se compra de segunda mano.

- Cuando recibas tus compras por Internet, lo mejor que puedes hacer es desembalar tus productos fuera o sacar rápidamente la caja para que las chinches no tengan tiempo de colonizarte.

- Pero comprar de segunda mano no es algo que haya que prohibir por razones de higiene. Llevo varios años comprando casi exclusivamente de segunda mano, y nunca he tenido ningún problema. Al igual que con las compras por Internet, no dejo la caja tirada por la casa y, sobre todo, lavo bien los artículos que recibo, ya sea en la lavadora o dejándolos airear unas horas (en el caso de los zapatos, por ejemplo). También puedes meter la ropa o los zapatos que hayas comprado en una bolsa en el congelador. El frío mata a las chinches, si las hay.

- Cuando compres muebles de segunda mano, límpialos bien con una aspiradora y un paño humedecido con vinagre blanco. En casa, evitamos siempre comprar colchones de segunda mano.

- Si acabas de volver de vacaciones o de un viaje, ten cuidado con los polizones que puedas tener en el equipaje. Lo mejor es lavar toda la ropa y aspirar bien las bolsas y maletas.

Si, a pesar de todas estas precauciones, notas que te pica la piel al despertarte o que te has cruzado con pequeños insectos marrones durante la tarde o la noche, puede que tenas una invasión.

Hacer frente a la invasión de chinches

Ten paciencia, espera a que anochezca y llévate una linterna y tu aspiradora.

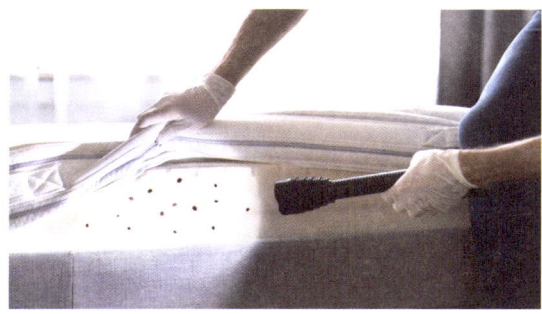

Limpieza intensiva

- Aspira todos los lugares donde encuentres chinches. Mueve los muebles, da la vuelta a los colchones y aspira por todas partes. Luego limpia a vapor el colchón y el somier. Si no tienes tu propia limpiadora de vapor, puedes alquilar una en tiendas de bricolaje
- Lava todos los textiles (edredones, almohadas, sábanas, cojines, mantas, cortinas, ropa, etc.), aspira y limpia con vapor las alfombras. Cada vez que utilices la aspiradora para solucionar este problema, asegúrate de limpiarla a fondo después (retira la bolsa o vacía el cubo, y luego limpia los filtros y la manguera).
- Pon en un spray agua y tierra de diatomeas: para 1 litro de agua, añade 1 cucharada de polvo. Puedes comprar tierra de diatomeas en tiendas ecológicas y de bricolaje. Pulveriza el somier y el colchón.

Y si no puedo...

Si sigues sin poder deshacerte de las chinches, puedes comprar bombas de humo en tiendas de bricolaje, pero es mejor recurrir especialistas que sepan exactamente qué productos utilizar y en qué dosis. Es mejor no jugar con la artillería pesada, ya que puede provocar graves riesgos para la salud.

Si te han picado

Sobre todo no te rasques. Aplica una cataplasma de arcilla verde para aliviar el picor, y después masajea la zona con un poco de aceite esencial de lavanda fina para calmar la inflamación.

Las cucarachas

TEMPORADA: todo el año · **GRADO DE MOLESTIA:** 🐜🐜🐜 · **GRADO DE RESISTENCIA:** 🐜🐜🐜

Las cucarachas son insectos que no aparecen en nuestras casas porque sí. Son omnívoras, se alimentan de materiales muy diversos y les gustan especialmente los lugares donde hay una notable falta de higiene. Estas criaturas tan poco atractivas se mueven muy deprisa, por eso es difícil atraparlas cuando están en casa. Les gusta correr por las paredes y algunas pueden volar (es cierto que distancias cortas, pero vuelan).

El bicho

Las cucarachas pueden medir entre 2 y 9 centímetros de longitud, tienen 2 antenas y se reproducen mucho, pero sobre todo se reproducen muy rápido. Lo tienen todo para encandilarnos, ¿verdad?

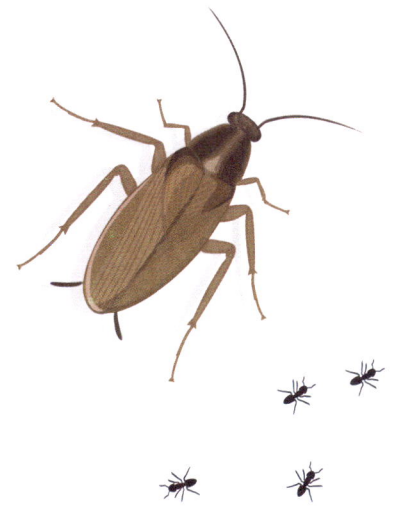

La clave: una buena higiene

He perdido la cuenta del número de veces que te he hablado de higiene ya en este libro...

Por supuesto, no se trata de vivir como en un hospital porque, como me recuerda mi marido, también necesitas desarrollar los anticuerpos. Sin embargo, hay un mínimo que tenemos que hacer para limitar la intrusión de insectos en nuestra vida cotidiana.

Las cucarachas se sienten atraídas por los lugares donde pueden encontrar algo que comer, así que, cuanto más cuides la higiene de tu casa, menos probable será que quieran hacerte compañía. Por ejemplo, es mejor evitar que se acumule la basura doméstica. Para ello, saca la basura al menos una vez a la semana.

Pasa el aspirador con regularidad, sobre todo alrededor de las zonas de comer, para limitar la cantidad de migas y restos de comida que puedan caer inadvertidamente al suelo. Si tienes uno o varios perros, como en mi casa, puedes relajarte con eso, ya que son muy buenos prelavando platos y limpiando el suelo después de las comidas.

Conviene saber

Vigila especialmente la cocina y el baño, porque la primera es el paraíso de la alimentación y la segunda un lugar húmedo, el medio en el que les gusta multiplicarse.

Lugares de especial vigilancia

En la cocina, lo mejor es guardar los alimentos en recipientes herméticamente cerrados. Una buena higiene en esta estancia implica sobre todo los siguientes puntos.

- No dejes que la vajilla sucia se acumule en el fregadero y alrededor de él.
- Pon el lavavajillas en marcha con regularidad y limpia el aparato una vez al mes vaciando y desengrasando los filtros, y limpiando después la puerta y el fondo del aparato con vinagre blanco. También puedes ejecutar un programa de limpieza una vez al mes con ácido cítrico (basta con 50 g). Cuando cierres el lavavajillas, recuerda limpiar alrededor de los bordes, ya que no son infrecuentes las salpicaduras en los armarios de cocina circundantes.

- No dejes restos de comida al alcance de los insectos, ni en las superficies planas ni en el fregadero.
- Limpia regularmente la campana extractora y las zonas que la rodean, ya que las salpicaduras de grasa pueden ser una buena fuente de alimento para las cucarachas.
- Mucha gente se olvida de limpiar sus hornos y microondas, así que acuérdate de limpiarlos al menos una vez al mes.
- Cada semana, comprueba si hay comida en la nevera que se haya estropeado (tírala y desinfecta los estantes, cajones, puertas y juntas con un poco de vinagre blanco).
- Si no limpias los robots de cocina después de cada uso, intenta hacerlo al menos una vez a la semana.
- Desinfecta regularmente tus cubos (domésticos, reciclables, de compostaje).
- Limpia regularmente los cuencos de tus mascotas. Meterlos en el lavavajillas también evitará que desarrollen diversas enfermedades.

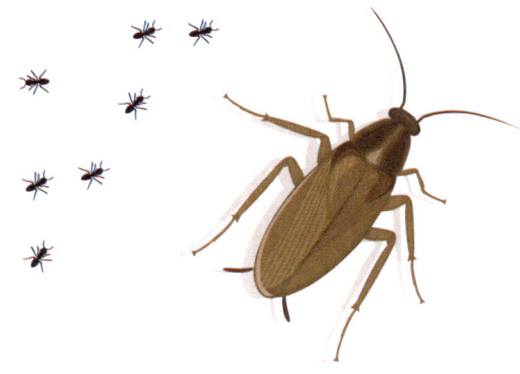

 Conviene saber

También puedes poner algunas gotas de aceite esencial de eucalipto (radiata o globulus) en cuenquitos de cerámica y dejarlos en los armarios de la cocina. El olor alejará a las cucarachas.

🕷️ Si hay una invasión

Estos insectos son especialmente resistentes, incluso a los insecticidas más potentes del mercado. Para deshacerte de ellos sin llamar a un profesional, las aspiradoras y las limpiadoras a vapor pueden ser muy útiles.

Sobre todo, evita aplastar a las cucarachas, que pueden liberar cientos de huevos si están llenas... Al igual que con las chinches, limpia bien la aspiradora después de ocuparte de ellas.

Cuando se trata de utilizar productos naturales, siempre encontramos los mismos:

Bicarbonato de sodio

- 🐜 El **bicarbonato sódico**, espolvoreado sobre los lugares por donde pasan o se reúnen las cucarachas, hace que los insectos se deshidraten en cuanto lo ingieren.
- 🐜 El **vinagre blanco**, también pulverizado en los lugares por donde circulan y se esconden las cucarachas, hace que se marchen porque no les gusta el olor.
- 🐜 **Tierra de diatomeas**, que no es tóxica para el ser humano ni para sus amigos de cuatro patas, pero puede causar graves daños a los insectos.

Vinagre blanco

A continuación, establece una buena higiene en tu casa repitiendo todos los puntos anteriores.

Si, a pesar de todo, sigues sin poder deshacerte de estas intrusas, lo mejor que puedes hacer es ponerte en contacto con profesionales para que evalúen el alcance de la invasión y se ocupen de ella lo mejor que puedan.

Tierra de diatomeas

Las termitas

Las termitas son sin duda los insectos que más daños pueden causar a una casa. Hacen madrigueras en la madera, y su trabajo no suele ser visible hasta que la infestación está muy avanzada. En esta sección solo puedo decirte cómo protegerte contra las termitas. Si hay una plaga, la única solución será recurrir a profesionales, porque además de que el tratamiento será fuerte, seguramente tendrás que hacer obras importantes en tu casa, cambiando gran parte de la estructura de madera.

 ## El bicho

Las termitas adoran la madera y la humedad. No es raro que las encontremos primero en el jardín y que luego se abran paso poco a poco hasta nuestras casas a través del sótano o la bodega. Estas pequeñas criaturas se parecen a las hormigas, pero no son en absoluto de la misma familia. Tienen el cuerpo blanco y blando y es raro que compartan su territorio con las hormigas.

Protegerse contra las termitas

En el hogar, a las termitas les gusta anidar en el parqué, los rodapiés, las carpinterías (puertas y ventanas) y las vigas del tejado para mordisquearlas.

Comprueba su presencia

Para comprobar si estos insectos están presentes en tu casa, puedes revisar todas las partes de madera de tu casa con una herramienta afilada o un destornillador. Si el destornillador se hunde en la madera sin dificultad, puede que tengas compañía. Entonces lo mejor es que pidas un diagnóstico a un profesional, que podrá sugerirte un tratamiento si hay invasión.

Si esta pequeña prueba no revela nada, lo normal es que estés a salvo. Dicho esto, merece la pena estar alerta, sobre todo si ya has observado la presencia de termitas en el jardín.

Daños causados por las termitas

La prevención

- Evita almacenar leña en el jardín, aunque tengas una chimenea. De todos modos, la leña con termitas no quema bien. En este caso, comprueba regularmente las reservas: si la madera está blanda o hueca, no tiene sentido guardarla. Es mejor almacenar la leña lejos de la humedad y, sobre todo, lejos de las paredes de la casa.
- No dejes que la hiedra y otras plantas trepadoras invadan las paredes de tu casa. Atraen a muchos insectos y les permiten anidar cómodamente.
- Lo mejor es limitar el agua estancada y las fuentes de humedad. A las termitas les gusta especialmente la humedad, que puede atraerlas a formar ahí su hogar.
- Si tienes vigas vistas en casa, paneles de madera de cualquier tipo o muebles de madera en el sótano, no olvides comprobar regularmente su estado. También puedes tratarlos con una serie de productos disponibles en tiendas de bricolaje.

Las pulgas

TEMPORADA: primavera-verano · **GRADO DE MOLESTIA:** ✳ ✳ ✳ · **GRADO DE RESISTENCIA:** ✳ ✳ ✳

Muchos insectos pueden repercutir en nuestra vida cotidiana cuando invaden el hogar, ¡y a veces ni nos imaginamos de dónde vienen! Es el caso, por ejemplo, de las pulgas, que pueden invadir nuestros hogares y, en realidad, no sería culpa nuestra, porque habrían sido nuestras mascotas quienes igual invitaron amablemente a estas criaturas a entrar en casa.

El bicho

Las pulgas son insectos diminutos que pueden pasar desapercibidos hasta que nos pican o descubrimos una verdadera invasión en casa. Estos animalitos perforan la piel de su huésped (perros, gatos, conejos, roedores... ¡y humanos!) y chupan sangre para alimentarse. Las picaduras de pulga pueden causar enrojecimiento y picazón en los seres humanos. Los mismos síntomas pueden observarse en los animales pero, además, las pulgas también pueden transmitir enfermedades.

¿Puedes evitar que las pulgas invadan tu casa?

La respuesta es SÍ. Para conseguirlo, debemos prestar mucha atención a nuestros compañeros de cuatro patas. Tienes que inspeccionarles el pelo con regularidad. Para ello, puedes utilizar un peine de púas finas (como el de los piojos que venden en las farmacias) y pasarlo regularmente por su pelaje, sobre todo alrededor del cuello y en la parte posterior de las patas: son lugares donde les gusta instalarse a las pulgas.

Si en el peine salen puntitos negros, tu mascota puede estar infestada de pulgas (estos puntitos son los excrementos...).

¡Inspecciona a tu mascota!

Soluciones

Afortunadamente, existen varias soluciones para evitar que las pulgas lleguen a tus mascotas.

- Algunas marcas de tiendas de animales ofrecen collares con una mezcla repelente para las pulgas.
- A los perros, por ejemplo, se les puede dar también pastillas de ajo. Este condimento es un repelente natural de pulgas.
- Por último, también puedes frotar tierra de diatomeas en el pelo de tu mascota y espolvorear una pequeña cantidad en su lecho.

En el caso de los perros, cuando vuelvas de un paseo, tómate el tiempo necesario para inspeccionar a tu perro y, si es necesario, cepillarlo bien. Además de las pulgas, esto ayudará a prevenir las garrapatas.

40

 # Me han invadido las pulgas

Bastan unos pocos pasos para resolver este problema.

- Saca de casa todas las cestas, cestos, mantas y otros cojines en los que tus mascotas estén acostumbradas a dormir. Sacúdelos bien y mételo todo en la lavadora.
- Vacía las cajas de arena de los gatos y los conejos (o roedores) y desinféctalo todo con agua caliente y vinagre.
- Mete los cuencos de comida y agua en el lavavajillas.
- Lava a tus animales en la medida de lo posible o al menos pásales un peine fino.
- Coge tu aspiradora y pásala por todos los rincones. Si vives en una casa o piso con suelo de madera, ten en cuenta que a las pulgas les encanta alojarse en los huecos entre los listones de madera. No olvides tampoco los rodapiés.
- Sacude las cortinas y aspíralas; cambia y lava las sábanas.
- Por último, puedes rociar todos los textiles de tu casa (sofás, cama, etc.) con una mezcla de vinagre blanco caliente infusionado con ajo. Hay que reconocer que el olor no es agradable pero, si quieres librarte de las pulgas, es una mezcla de olores que no soportan...

Una anécdota

Recuerdo que una vez, al volver de unas vacaciones en casa de mis padres, nos llevamos la desagradable sorpresa de descubrir una invasión de pulgas en la planta baja. Sin duda estaban allí cuando nos fuimos, en la cesta del gato, ¡y habían tenido tiempo de sobra para desarrollarse mientras estábamos fuera!

 ## Conviene saber

Repite estos pasos a lo largo de varios días para deshacerte por completo de las pulgas. Después, piensa en cómo proteger a tus amigos cuadrúpedos para evitar en el futuro estos disgustos.

Los roedores

TEMPORADA: primavera-verano · **GRADO DE MOLESTIA:** ✳ ✳ ✳ · **GRADO DE RESISTENCIA:** ✳ ✳ ✳

Aunque soy una fan incondicional de Disney y me encanta *Ratatouille,* no me gustaría verlo, ni a él ni a ningún otro roedor, en mi sótano o bodega. Cuando vivía en los suburbios de París, oíamos hablar sobre todo de las ratas, mientras que en el campo solemos temer a los ratones de campo. En cualquier caso, es mejor evitar tener roedores en el sótano, sobre todo si guardas alimentos, porque les encantan y pueden dejarte sin nada para pasar el invierno.

🕷 El bicho

Ratas, ratones, ratones de campo, topillos: hay muchos roedores que a veces se meten en nuestras casas sin permiso. Aparte de los daños que puedan causar en nuestros sótanos y despensas, estos bichitos pueden ser portadores y transmisores de muchas enfermedades, como la toxoplasmosis y el tifus. Las ratas también pueden roer elementos esenciales del hogar, como cables eléctricos y tuberías de PVC, causando verdaderos desastres en la vida cotidiana. Son muy discretas y no es fácil atraparlas. Por eso es mejor no dejarlas entrar en casa.

Precauciones

Si tienes un sótano, un sótano o una habitación en la que quieres guardar tus reservas de alimentos (comestibles, verduras y frutas de larga duración, etc.), es mejor que te asegures de que la habitación es «hermética», para que los roedores no puedan anidar allí.

Si no puedes sellar la habitación, ¡puedes optar por la técnica del frigorífico! Los frigoríficos tienen fama de ser armarios impenetrables, por eso pueden ser útiles para proteger tus paquetes de pasta, leche o cartones de zumo.

Una anécdota

Hace unos años, vivíamos en una casa sin sótano y encontramos un viejo frigorífico de segunda mano por 15 euros para guardar algunas cosas.

Colocamos el aparato en el garaje y guardábamos en él paquetes y latas. Debo señalar que el frigorífico no estaba enchufado.

Además de la protección que proporciona, esta técnica también ayuda a compensar los cambios de temperatura.

Siempre recordaré el consejo de un excelente enólogo que me dijo que no había nada mejor que un viejo frigorífico para guardar el vino a salvo de las variaciones de temperatura.

Echar a los roedores del sótano

Si has notado pequeños excrementos negros en el sótano, o que los trapos viejos que guardas están hechos jirones o que han mordisqueado algunos paquetes de tu despensa, es probable que tengas uno o varios huéspedes.

¡El truco de 4 patas!

¿Tienes un gato? Perfecto, que trabaje un poco. Llévale al sótano y deja que tome el control: su instinto no tardará el guiarlo hasta la fuente. El resultado: un gran susto para los roedores, en el mejor de los casos. Después, puedes dejar que tu gato vague libremente por este espacio, pero no regañes si luego te trae unos cuantos «regalos»...

Aceites esenciales

Una vez más, los aceites esenciales son un buen recurso para evitar el uso de productos químicos. Puedes colocar pequeños trozos de cerámica porosa en las 4 esquinas de la casa y en el sótano, con gotas de aceite esencial de menta o de eucalipto radiata. Su olor repele naturalmente a los roedores.

 Otras «soluciones»

Hay varias trampas que se pueden colocar, como vidrio molido en los lugares de paso de los roedores, pero es un método bastante cruel porque la consecuencia suele ser la muerte del animal después de una larga agonía.

Una anécdota

Tenemos 4 gatos en casa, y hemos perdido la cuenta del número de veces que nos han traído ratoncitos de campo, ¡a veces aún vivos! El problema es que nuestros gatos han encontrado su escondite en el campo del vecino y los cazan incluso antes de que los roedores pretendan venir a vivir con nosotros...

LOS BICHOS DE LA COCINA

La cocina es el lugar donde los bichos son sin duda los más invasivos y los más molestos. A nadie le gusta encontrar mosquitas en su cesta de fruta ni polillas en sus paquetes de harina. Así que cuando encuentran el camino hasta tu comida e incluso ponen sus huevos en ella, ¡se arma la de San Quintín! Como ocurre con todos los demás bichos que pueden introducirse en nuestras casas, hay una serie de soluciones no químicas para combatir las invasiones y los daños causados por estas criaturas. Es más, comprobarás que la prevención y una buena higiene suelen ser la clave para evitar que vengan a visitarnos.

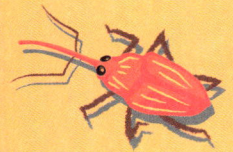

Moscas y mosquitas

TEMPORADA: primavera-verano · **GRADO DE MOLESTIA:** 🐜🐜🐜 · **GRADO DE RESISTENCIA:** 🐜🐜🐜

Si preguntas por ahí: ¿cuál es el primer bicho que te viene a la mente cuando piensas en tu cocina? La respuesta sería, sin duda, ¡la mosca o la mosquita! Son los insectos más comunes y conviven con nosotros en la ciudad y en el campo.

🕷 El bicho

Determinados factores hacen que las moscas y las mosquitas sean más frecuentes, pero en general, ¡todo el mundo tiene derecho a tenerlos! Con «factores» me refiero, por ejemplo, a si vives cerca de pastos donde hay animales como vacas. En el caso de mi familia, por ejemplo, tenemos un establo a 100 metros de la casa: así que las moscas rondan nuestra casa de forma habitual. En términos de biodiversidad, las moscas y las mosquitas ayudan a descomponer la materia orgánica y, más concretamente, los residuos que producimos.

Estos insectos, aunque poco agradables, son esenciales para nuestro ecosistema. Sin las moscas y las mosquitas, la materia orgánica que desechan los seres humanos y los animales tardaría mucho más en descomponerse. Y no olvidemos que la descomposición de los residuos orgánicos enriquece el suelo para que podamos obtener mejores rendimientos de nuestros cereales, frutas y verduras.

Una anécdota

Tuvimos una desagradable experiencia en 2019, cuando acabábamos de sacar del horno nuestras hamburguesas caseras, nos las habíamos servido y, mientras comíamos dejamos dos en un plato, bajo una campana, de las que se usan para el microondas. Al final de la comida, quisimos comer más, ¡estaban tan buenas que no pudimos resistirnos! Y entonces, ¡sorpresa!, varias moscas habían conseguido meterse bajo la tapa por un pequeño respiradero y habían depositado generosamente sus crías justo al lado de la carne... Un horror y un auténtico desastre, porque ni que decir tiene que ninguno de nosotros quiso tocar las hamburguesas después de ver esos huevecillos por todas partes. Desde entonces, y reconozco que estoy un poco traumatizada, estoy atenta al menor «resto» de comida que no esté protegido en la cocina.

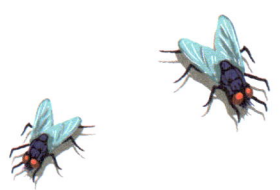

¡Ten cuidado!

Algunas especies de moscas pueden transmitir enfermedades y esa es una de las razones por la que a los humanos no nos gustan mucho. Entre las enfermedades que transmiten las moscas están el cólera, la salmonelosis y la tuberculosis.

¿Cómo nos transmiten las enfermedades?

A las moscas les atraen las heces humanas o animales: consumen los excrementos líquidos que encuentran y, si son portadores de bacterias, estas aterrizan en el aparato digestivo de la mosca.

Basta con que el insecto se pose sobre un alimento para que nos contamine. La contaminación también puede producirse si la mosca regurgita o hace sus necesidades sobre nuestros alimentos.

 ## Anticípate

Así que lo primero que hay que hacer, sobre todo en la cocina, es no dejar nunca alimentos crudos o cocinados al alcance de las moscas.

Los alimentos crudos deben guardarse en el frigorífico, junto con las sobras, mientras que los alimentos secos deben guardarse en recipientes herméticos, como tarros de cristal.

Proteger los alimentos

Si dejas la carne en su envoltorio, métela en el horno apagado, en el microondas, o coloca una fuente de fruta encima para protegerla de las moscas.

Vacía regularmente el compostador

Antes he mencionado la política de cero residuos y este estilo de vida se asocia a menudo con el uso de una compostera.

Tenemos un cubo de compostaje en la cocina. Lo utilizamos cada vez que cocinamos para echar las peladuras que no podemos comer ni nosotros ni nuestras mascotas, así como los restos de comida que no pueden comer nuestros perros, por ejemplo.

Procura vaciar el cubo muy a menudo en la compostera exterior, para evitar que las moscas se sientan atraídas por el olor de las sobras en descomposición.

Una anécdota

A veces, cuando volvemos de la carnicería, nos comemos la carne que hemos comprado en el momento (no pasa por la nevera) porque la carne que acaba de salir del frigorífico no es precisamente ideal. Así que dejamos la carne en su envase o en su recipiente de cristal (para quienes practican una política de cero residuos, como en nuestro caso).

Si vives en un piso y has optado por una vermicompostera, el único buen hábito que evitará la aparición de mosquitas en tu compost es ayudarle a mantener un buen equilibrio, es decir, no debes añadir más residuos húmedos que su capacidad.

Fíjate bien en las instrucciones y en la información antes de comprarla: por cada residuo húmedo, tendrás que añadir algo de material seco (papel de periódico, cartón, bolsas de papel de estraza, etc.). Las vermicomposteras se venden en varios tamaños (para una persona, una pareja, una familia numerosa, etc.), por lo que se adaptan perfectamente.

Mantenimiento de las áreas de comida y cama de los animales

No solo la comida de nuestras mascotas, no solo de los gatos, sino también de conejos y roedores, pueden atraer a las moscas, y también sus excrementos.

- Recuerda cambiar y limpiar con regularidad los **cuencos de comida y agua**, incluso los que solo contienen comida seca, como el pienso. Evita dejar la comida húmeda a la intemperie durante demasiado tiempo.
- En cuanto a las **cajas de arena**, límpialas regularmente retirando los excrementos todos los días y lávalas a fondo con vinagre blanco al menos una vez por semana.

¿Y las mosquitas?

A las mosquitas les gusta merodear alrededor de la fruta y la verdura, sobre todo en la cesta de la fruta. Son un verdadero incordio, porque no solo invaden rápidamente, sino que también aceleran la descomposición de la fruta. Hay una serie de trucos que puedes utilizar para limitar o incluso evitar su aparición.

- Puedes equiparte con un **arcón de verduras** o **despensa**. Es lo que utilizaban nuestros antepasados: a menudo digo que no eran nada tontos y que, por lo tanto, podemos inspirarnos mucho en lo que tenían en el pasado. La despensa suele ser de madera y tener estantes de madera (estantes que permiten que circule el aire y, por tanto, que «respiren» la fruta y la verdura). Todo el contorno está cubierto con una malla muy fina que impide el paso de los mosquitos. La ventaja de este mueble —que existe en todos los tamaños— es que no tienes que guardar la fruta y la verdura en el frigorífico, que no conserva los nutrientes a niveles óptimos.
- Puedes poner *corchos en tu cesta de fruta*, ya que a las mosquitas no les gusta el olor del corcho, por lo que suelen evitar la fruta rodeada de corcho. Otro consejo es utilizar pequeños soportes/colgantes de cerámica y colocar en ellos 2 o 3 gotas de aceite esencial de citronela. Lo único que tienes que hacer es colocar este pequeño objeto cerca de la cesta. Pero ten cuidado de no poner nunca aceites esenciales en contacto con los alimentos, ya que algunos de ellos son totalmente inadecuados para el consumo.
- **Vigila el estado de la fruta y verdura** que dejas fuera del frigorífico. Inspecciónalas regularmente para retirar las que empiecen a estropearse.
- Para evitar que moscas y mosquitas entren en tu casa, las **mosquiteras** son una opción estupenda.

Para puertas y puertas de patio, hay mosquiteras con imanes, que impiden que entren en tu casa. Se pueden fijar con tacos y cierres de velcro, una solución ideal si estás de alquiler, y se pueden plegar si utilizas mosquiteras de cortina. ¡Así puedes mantener las ventanas abiertas sin que te invadan los insectos!

Para deshacerse de moscas y mosquitas

¿No has tenido tiempo de pensar con antelación y te encuentras con un montón de moscas y mosquitas en la cocina? El objetivo es eliminarlas sin matarlas necesariamente, recordando que cada animalito tiene un papel que desempeñar en nuestro mundo.

Conviene saber

Si tienes frutas o verduras que empiezan a pudrirse, las puedes consumir igual. Basta con retirar la parte dañada y después hacerlas en compota, en mermelada o en una tarta, por ejemplo. Para las verduras, lo mismo: quitar la parte mala y meterlas en un puré, en una quiche o en una pizza.

- Comprueba la cesta de la fruta para asegurarte de que no hay comida podrida y utiliza un poco de vinagre blanco para limpiar los utensilios que hayan estado en contacto con fruta dañada.

- Guarda los restos de comida que hayas podido olvidar en la encimera, por ejemplo, y no dejes nada a la vista, ni siquiera mientras comes.

- Si no tienes despensa, mete la fruta y la verdura en la nevera para protegerlas de la invasión.

- No dejes platos preparados ni alimentos crudos al aire, aunque solo sea unos minutos, y guárdalos en un lugar donde los insectos no puedan acceder a ellos.

- No dejes que se acumulen trozos en el desagüe del fregadero. Acuérdate de vaciar regularmente la pequeña cesta que tapa el desagüe. Si tu fregadero no tiene, puedes encontrarlas de acero inoxidable o de plástico en cualquier tienda de bricolaje o incluso en el supermercado.

- Haz un mantenimiento de las tuberías para limitar los olores: 1 cucharada de posos de café en el desagüe de tu fregadero cada semana y 1 limpieza mensual con cristales de sosa y agua caliente te permitirán desengrasar y desinfectar tus tuberías de forma natural.

- Vacía regularmente el cubo de compostaje o el cubo de la basura doméstica, sobre todo si depositas restos de comida, en el cubo de la basura general.

- Coloca los alimentos secos en recipientes herméticos (preferiblemente tarros con cierre).

ALGUNOS TRUCOS MÁS

Si a pesar de todas estas recomendaciones sigues encontrando moscas, mosquitas, huevos o larvas, puedes rociar una sinergia de aceites esenciales durante 15 minutos 2 o 3 veces al día: 1 gota de lavanda fina, 1 gota de citronela y 1 gota de albahaca. Ten cuidado de airear bien la casa después de la difusión, ya que los aceites esenciales son concentrados vegetales muy potentes que deben utilizarse con mucho cuidado.

También puedes colocar pequeños platos llenos de vinagre de sidra en varios lugares. Su olor atrae sobre todo a las mosquitas, que acaban ahogándose en él.

Por último, también puedes optar por una lámpara ultravioleta especialmente diseñada para atraer y matar a los insectos que invaden nuestros hogares.

Una vez hecho todo esto, ventila bien tu casa y pasa un buen aspirador por si las moscas han dejado algún huevo... Recuerda desinfectar el cubo de la basura, el del compost y el del reciclaje, si es que lo usas, con vinagre blanco, por ejemplo. Incluso puedes limpiar todas las superficies planas de la cocina con un paño húmedo empapado en vinagre blanco.

Ahora que te has librado de esta pequeña invasión, ¡te toca reducir los espacios atractivos para las moscas y las mosquitas!

Las polillas de la comida

TEMPORADA: todo el año · GRADO DE MOLESTIA:  · GRADO DE RESISTENCIA: ✹ ✹ ✹

En los últimos años, junto con el auge del estilo de vida de cero residuos, los alimentos ecológicos, sobre todo los que se venden a granel, han experimentado un auge, trayendo consigo su cuota de bichitos que pueden ser una pesadilla una vez que se han instalado. ¡Estamos hablando de las polillas de la comida!

El bicho

La polilla es una pequeña mariposa perteneciente a la familia de las polillas. Se la conoce más a menudo por este nombre, pero hay varios animalitos distintos a los que llamamos polilla.

Por ejemplo, en la cocina puedes encontrar:

 La **polilla de la harina**: se alimenta de harina, cereales y productos elaborados con cereales o que los contengan.

 La **polilla de la fruta seca**, que se alimenta de frutos secos o semillas oleaginosas (almendras, avellanas, anacardos, etc.).

 La **polilla del cacao**, a la que le gustan especialmente las habas de cacao y todos los frutos secos.

La polilla en estado larvario

Estos animalitos no se asocian solo a los productos que se venden a granel: es igual de habitual encontrarlas en los productos de supermercado, que suelen estar envasados en cajas de papel o cartón. Sin embargo, las polillas se relacionan más a menudo con los productos ecológicos, que no se tratan como los convencionales y que, según cómo se almacenen, pueden infestarse de polillas alimentarias.

Un insecto polinizador

Es difícil ver qué utilidad tiene este insecto si tenemos en cuenta el daño que inflige a nuestros alimentos y a las cosechas de los agricultores. Y, sin embargo, la polilla de la comida, como todas las mariposas, es una polinizadora como las moscas y las abejas.

 ## Anticiparse a la invasión de las polillas alimenticias

Comprueba el producto en el momento de la compra

Si consumes productos secos del supermercado, comprueba los paquetes cuidadosamente antes de comprarlos. Busca un pequeño capullo pegado en algún lugar del envase, o un pequeño agujero en el envase por el que podría haber pasado la mariposa.

Para los productos ecológicos o a granel, comprueba si en el envase original hay pequeños hilos cristalinos o si le rondan las polillas.

Conviene saber

Estos bichitos tienen una vida más o menos larga según la temperatura del lugar en el que se alojen. Cuanto más calor haga, menos sobreviven. Se ha constatado que su vida dura entre 20 y 45 días. Las hembras son muy activas por la noche y pueden poner centenares de huevos que eclosionan unos días más tarde. La polilla, en ese estadio, es una larva blancuzca que, en unos treinta días, se hará mariposa.

Comprueba el envase antes de comprar

En casa

Una vez en casa, la mejor forma de prevenir la aparición de polillas de los alimentos es mantenerlos fríos. Mete los alimentos como harina, cereales, frutos secos, etc. en el congelador durante 24 horas. Los animalitos no lo pueden resistir. Si accidentalmente te comes una polilla o larva de los alimentos, recuerda que son inofensivas para el ser humano, por lo que no contraerás ninguna enfermedad.

La cuestión del almacenamiento

Una vez enfriada la comida, lo mejor es guardarla en un recipiente hermético. Los tarros de cristal con cierre hermético son la mejor opción. Para ello, pasa un poco de vinagre blanco por el cierre de goma con una esponja. Vierte el alimento y cierra el tarro con cierre metálico. Recuerda limpiar los recipientes con regularidad; por ejemplo, cuando estén vacíos, retira el cierre y mete los tarros en el lavavajillas. También puedes limpiarlos con agua caliente jabonosa. Frota de nuevo la goma con vinagre blanco, ya que las polillas de la comida odian el olor.

Una anécdota

Esto es lo que nos funciona y lo que llevo años utilizando: pon unas hojas de laurel en los tarros.

Esto funciona con la harina, los cereales, el arroz y los frutos secos: 2 o 3 hojas de laurel en un tarro de 3 litros son más que suficientes para ahuyentarlas. También puedes poner unos cuantos clavos en los armarios: tampoco les gusta ese olor.

Polillas y animales

Si tienes animales domésticos, como conejos o roedores, acuérdate de comprobar el pienso con regularidad, ya que las bolsas que se venden en las tiendas de animales suelen contener ácaros alimentarios.

Prevención

Evidentemente, para evitar cualquier invasión, tienes que revisar los alimentos con regularidad y limpiar los muebles de la cocina: estantes, armarios, encimeras... todo ello con una simple esponja y vinagre blanco, ¡sin necesidad de productos químicos!

Socorro, ¡nos invaden!

¿Acabas de ver volar una mariposa y tienes claro que no es una simple polilla? Que no cunda el pánico, respira hondo y emprende una inspección.

- **Mira el techo**: si encuentras pequeños capullos, es posible que haya una invasión.
- **Mira las encimeras**: ¿ves alguna larva blanquecina?
- **Abre los armarios**: ¿salen más mariposas volando?

Limpieza intensiva

Si has respondido «*sí*» a uno o varios de los puntos anteriores, ¡nos ponemos en modo exterminación!

- **Saca todos los alimentos susceptibles de albergar polillas**: harina, cereales, frutos secos, chocolatinas, etc. Inspecciona todos los paquetes y tarros y, si encuentras pequeños filamentos, larvas, capullos o polillas, deshazte de los alimentos en el compost o en una bolsa de basura que sacarás inmediatamente al exterior (sobre todo, no la dejes en casa mientras esperas a que recojan la basura). En cuanto a los tarros (sobre todo los que no tienen cierre), a las polillas les gusta agarrarse a las tapas, así que acuérdate de mirarlas.
- **Aspira todos los armarios de la cocina**, incluidos los que contienen la vajilla: ¡no dejes nada al azar!
- **Aspira también los rodapiés, si son de madera**, porque a las polillas les gusta meterse entre la madera y las paredes. Aspira también el techo, ¡y no te olvides de las esquinas!

- **Limpia con vinagre blanco las estanterías, armarios y superficies de trabajo** para asegurarte de que no quedan larvas ni capullos.

Aceites esenciales

También puedes difundir aceites esenciales durante unos minutos al día:

- Laurel noble.
- Hierba limón.
- Geranio rosa.
- Menta.

Igualmente puedes utilizar unas gotas diluidas en aceite vegetal, por ejemplo en un platito dentro de los armarios.

Además, existen trampas adhesivas a base de feromonas, que puedes encontrar en tiendas de productos ecológicos.

Conviene saber

Airea bien la casa para refrescar y renovar el aire. Estos pasos y estos trucos personales se pueden repetir durante varios días. ¡No te desanimes, lo vas a conseguir!

Gorgojos

TEMPORADA: primavera-verano · GRADO DE MOLESTIA: 🐜 🐜 🐜 · GRADO DE RESISTENCIA: 🐜 🐜 🐜

¿Gor-qué? Estas pequeñas criaturas son relativamente desconocidas para el público en general, pero se encuentran entre los insectos que disfrutan de los alimentos almacenados en nuestras cocinas. ¿Nunca te has encontrado unos pequeños insectos marrones, rojos o negros en tus paquetes o tarros de arroz? Si no te ha ocurrido antes, debes saber que a los gorgojos les gusta meterse en el arroz y los cereales.

 ## El bicho

Este insecto de la familia de los escarabajos mide de 2 a 4 milímetros y puede causar daños importantes en una cocina, pero también en las existencias de grano de los agricultores, por ejemplo. La particularidad del gorgojo es que, antes de la edad adulta, es prácticamente indetectable. De hecho, es muy raro encontrar larvas de gorgojo, ya que la hembra pone sus huevos dentro del grano.

Conviene saber

Veamos el ejemplo de un grano de arroz: el gorgojo excava un agujerito, pone a su descendencia y tapa la apertura con un mucílago que fabrica. Así los huevos están protegidos y las larvas crecen tranquilamente antes de salir de su escondite. Mientras se desarrolla la larva, los granos se vacían desde dentro y tendrán pocas posibilidades de resistir el asalto del gorgojo. En cambio, a este insecto le gustan también especialmente las alubias y los garbanzos, que son mucho más grandes y le ofrecen un refugio excelente.

También puedes meter el arroz y las legumbres en el congelador en cuanto los compres para poder consumirlos, ya que los gorgojos no soportan el frío. Si esto te resulta impensable y prefieres tirar la comida, hazlo en tu compostera exterior o en una bolsa que cierre bien y deposítala inmediatamente en el contenedor exterior.

Por último, no dudes en repetir los pasos de la ficha sobre la polilla de los alimentos para limpiar tu cocina de arriba abajo.

Una anécdota

Siempre que compro arroz o legumbres, los meto en el congelador durante 24 horas, para que las larvas no aguanten y, si hubiera algún ejemplar adulto en mis compras, solo tenga que retirarlo a mano. Utiliza una bandeja del congelador para extender todo el paquete y realizar una inspección adecuada.

Para evitar la proliferación de gorgojos

Al igual que las polillas alimenticias, los gorgojos son inofensivos para el ser humano: comer un ejemplar adulto o una larva simplemente «te proporcionará algo de proteína». ¿No te has enterado? Es la nueva moda: ¡come insectos para reducir tu consumo de carne!

Para detectarlos, vierte el arroz, las legumbres o los cereales en un tarro y espera unos minutos. Los gorgojos adultos suelen subir a la superficie.

Si confirmas que los tienes, puedes retirarlos con la mano o espumarlos durante la cocción (en el caso del arroz y las legumbres), ya que los insectos subirán a la superficie.

LOS BICHOS DE BALCONES Y TERRAZAS

En los balcones y terrazas, una serie de bichitos también pueden hacernos la vida imposible, sobre todo a la hora de comer. Siempre que estás con la familia o los amigos disfrutando de la comida o la cena y pasando un buen rato, las avispas o avispones se invitan a tu mesa. Por si fuera poco, ¡también pueden picarte si intentas apartarlas de tu plato! Cuando salimos a cenar fuera, odio estos insectos, no porque me resulten repulsivos, sino porque soy alérgica a sus picaduras. Así que no me resulta fácil mantener la calma en esas situaciones.

Avispas

TEMPORADA: primavera-verano · **GRADO DE MOLESTIA:** 🐜🐜🐜 · **GRADO DE RESISTENCIA:** 🐜🐜🐜

Tendemos a meter a todas las avispas en el mismo saco, pero en realidad la palabra «avispa» puede referirse a varios insectos, y no todos pican. Por ejemplo, la avispa albañil, que no pica, es un insecto solitario que no es raro encontrar en los alrededores de los hoteles de insectos, donde le gusta refugiarse. También está la avispa cartonera, que se dedica al jardín y rara vez se acerca a los humanos.

🕷 El bicho

Todas las especies de avispas son útiles en el jardín: son insectos polinizadores y, por lo tanto, son muy importantes para los cultivos de frutas, verduras y flores.

Volvamos a la que nos interesa aquí, porque es la que más nos molesta: la avispa común. Es fácilmente reconocible por sus colores amarillo y negro y su esbelta silueta. Solo las hembras pican, y lo que inyectan con su aguijón es el veneno que tienen en una glándula bajo el abdomen, en una picadura que puede causar dolor o alergias.

🕷 Evitar la invasión de avispas

Qué atrae a las avispas a los lugares que habitamos

Las avispas son grandes depredadoras, se alimentan de insectos de todo tipo, lo que ayuda a regular la población de animalitos.

Dicho esto, también les gusta mucho el azúcar, por eso suelen estar muy cerca de nuestros árboles frutales, de las plantas que producen mielato y el néctar o los alimentos que comemos.

Les gustan especialmente los jugos de la carne y los postres. Así que a menudo son los polizones de nuestros banquetes de verano.

Los puntos que atraen a las avispas son:

- Los árboles frutales.
- El compost, donde ponemos nuestros residuos orgánicos, como las sobras de la fruta.
- Los bordes de los coches donde han muerto insectos, porque a las avispas les atrae la sangre.
- Las fuentes de agua, porque también necesitan beber y refrescarse: piscinas, colectores de agua, canalones, etc.
- La mesa de la comida o de la cena.

Consejos para ahuyentar a las avispas

Hay algunos trucos que puedes utilizar para evitar que vengan. Por ejemplo, puedes colocar redes en los árboles frutales, lo que también limitará el número de gusanos en la fruta.

En cuanto a la compostera, no dudes en colocarla lejos de tu casa y de sus accesos exteriores, para que las avispas puedan vivir tranquilas, ¡y tú también! Lo mismo se aplica a los puntos de agua. Acuérdate de limpiar regularmente los canalones para que no formen charcos de agua, lo que también limitará la presencia de mosquitos cerca de tu casa.

Para mantener a las avispas alejadas de tus comidas de verano, lleva un plato pequeño con algunas sobras, una mezcla de dulces o jugos de carne. Coloca este plato a unos metros de ti, para que las avispas puedan cogerlo y no te molesten. A pesar de su mala fama, las avispas no pican por placer y, si pueden alimentarse lejos de los humanos, lo harán encantadas.

Una anécdota

En el jardín donde crecí, mi bisabuela plantó varios árboles frutales, entre ellos una higuera. Me di cuenta de que las avispas venían a alimentarse de la fruta sobre todo durante el día. Así que por la mañana temprano —cuando hace fresco— recojo los higos para evitar que me piquen.

Avispones

TEMPORADA: primavera-verano · **GRADO DE MOLESTIA:** ✳ ✳ ✳ ✳ · **GRADO DE RESISTENCIA:** ✳ ✳ ✳

Los avispones europeos o asiáticos también son avispas. No son muy populares, entre otras cosas porque cada vez son más invasivos en nuestro entorno. El avispón asiático llegó a Francia en la década de 2000 y desde entonces causa terror. Los avispones suelen instalarse en las copas de los árboles, en los recovecos mal ventilados de nuestros áticos y cobertizos de jardín, o en los bosquecillos. Las chimeneas, inactivas cuando hace buen tiempo, también son un buen lugar para instalar sus enjambres.

El bicho

El avispón europeo y el avispón asiático son similares, pero existen algunas diferencias notables:

- El avispón europeo es más grande que el asiático.
- El avispón europeo es más pacífico que el asiático, que tiende a ser más agresivo.
- Sus nidos son diferentes: el europeo hace un nido con una abertura en la parte inferior, mientras que el asiático tiene una abertura lateral.

Tengo un nido de avispones cerca de casa

Poner trampas

Si no quieres recurrir a profesionales, puedes colocar trampas.

Para hacer una trampa eficaz que no afecte a las abejas, encontrarás todo lo que necesitas en tus armarios o en el supermercado. Necesitarás:

- Jarabe de grosella negra, preferiblemente, ya que a los avispones les gusta este sabor
- Cerveza negra.
- Vino blanco.

Este último ingrediente es el que hará que a las abejas no le atraigan las trampas.

1. Corta pequeñas ventanas en una botella de plástico, o haz pequeños agujeros (no mayores que una moneda de 20 céntimos) para que entren los avispones. Una vez dentro, generalmente no pueden volver a salir.
2. Mezcla a partes iguales vino blanco, cerveza negra y sirope.
3. Coloca estas trampas cerca de tus espacios vitales con una cuerda o alambre, y deja que el tiempo haga su trabajo.

Vigila regularmente estas trampas durante el verano, ya que la evaporación hará que tengas que rellenarlas varias veces.

Una anécdota

Aquí vivimos en el campo y los avispones llevan 2 años entrando en casa y además son muy agresivos. Así que este año pusimos trampas para impedir que entraran en casa. Las trampas no están diseñadas para impedir que entren, solo los atraen y, una vez dentro, no pueden volver a salir. Es una pena, pero si puedo ahorrarme un viaje a urgencias —si es que consigo llegar a tiempo— lo prefiero.

Una anécdota

Este verano pusimos 4 trampas cerca de nuestra casa. Estaban todas llenas de avispones y algunas moscas, y ya no tuvimos más intrusos en casa, lo cual, te lo aseguro, ¡nos vino muy bien!

El hábitat de las avispas y de los avispones

Los nidos de estos insectos a veces pueden estar situados en lugares muy incómodos, como cobertizos de jardín, desvanes o chimeneas.

Para eliminarlos, lo mejor es recurrir a profesionales. Los bomberos ya no están autorizados a realizar este tipo de trabajo. Algunos ayuntamientos pagarán el trabajo pero, en muchos casos, tendrás que llamar a especialistas, y eso no es barato.

Antes de pedir a alguien que vaya a tu casa, infórmate sobre sus cualificaciones e intenta hablar con gente que te pueda recomendar nombres.

En todos los casos, procura mantenerte alejado del nido, ya que las avispas y los avispones son muy agresivos cuando se sienten amenazados y, si tienes un enjambre en el tiro de la chimenea, no enciendas fuego, pues podrías provocar un incendio.

 Conviene saber

Los nidos pueden llegar a ser muy grandes. Se hacen con saliva y madera, o incluso con barro, y pueden por eso obstruir el conducto de la chimenea.

¡Y el resto?

Te hemos dado una buena visión general de los posibles bichos invasores, pero aún quedan algunos que no hemos cubierto aún.

 ## La cochinilla de la humedad

La cochinilla de la humedad es un pequeño insecto gris que mide unos 20 milímetros. Suele encontrarse en sótanos donde la humedad ambiental es alta, de ahí su nombre.

No presenta ningún peligro específico y no causa ningún daño significativo.

Prevención

La mejor prevención es mantener las habitaciones subterráneas lo más secas posible. Aunque a veces esto es difícil de mantener en invierno, no dudes en abrir la puerta de tu sótano o bodega durante el día cuando haga buen tiempo, para que circule el aire y se vaya la humedad. También puedes plantearte instalar un sistema de ventilación, como un ventilador o una unidad de ventilación mecánica. Por último, asegúrate de no dejar comida a su disposición y evita los rincones y grietas.

Lucha

Si a pesar de todo hay cochinillas, utiliza «cebos» (tablas húmedas o paños de cocina) para atraerlas. Lo único que tienes que hacer ahora es sacarlas, antes de aplicar cualquier método preventivo.

Los escarabajos

Los escarabajos tienen un par de alas córneas para protegerse y un segundo par para volar. También tienen poderosas mandíbulas. Los miembros más conocidos de esta familia son el gorgojo (arriba), el chicharro, el escarabajo y el ciervo volador

Los escarabajos no son peligrosos para el ser humano, pero pueden infligir algunos daños en tu casa, incluso atacar tus reservas de alimentos.

Prevención

Inspeccionar tus existencias (recipientes) y limpiarlos regularmente son la clave para evitar que los escarabajos se instalen en tu casa.

Lucha

Al igual que con las hormigas, lo mejor es utilizar bicarbonato de sodio en ranuras y otros huecos.

Las polillas

La polilla es un insecto de la familia de los lepidópteros. Tiene antenas que, según la especie, pueden parecerse a plumas o a peines. En reposo, las alas de la polilla están plegadas a lo largo del cuerpo.

La polilla no es un insecto peligroso para el ser humano, ni causa daños en tu casa. Como mucho, será un insecto ligeramente molesto por su presencia.

Prevención

Las polillas, como los mosquitos, se sienten atraídas de forma natural por la luz. Así que, cuando caiga la noche, no dejes las ventanas abiertas. Lo mejor, por supuesto, es instalar mosquiteras. Es una pequeña inversión al principio, pero rápidamente se convertirá en una gran comodidad (sobre todo con los mosquitos...).

Lucha

Una vez más, la polilla no es un insecto peligroso ni pica, así que lo mejor es sacarla de casa y cerrar las ventanas si no quieres que vuelva.

El pececillo de plata

El pececillo de plata es un pequeño insecto con escamas plateadas y un par de antenas. Mide unos 10 milímetros. Se desplaza ondulando.

A los pececillos de plata les gustan especialmente las habitaciones cálidas y húmedas, como cocinas, cuartos de baño e incluso lavaderos. Suelen esconderse detrás de los zócalos de madera, bajo los revestimientos del suelo, etc.

No es peligroso para el ser humano, pero causa algunos daños a su paso, como contaminación de alimentos y agujeros en encuadernaciones, tapicerías y papel.

Prevención

Para evitarlo, lo mejor es mantener la humedad bastante baja y tener una ventilación excelente y regular. También es aconsejable limpiar regularmente el suelo y los rodapiés.

Lucha

Al igual que con las hormigas, la mejor forma de combatir la invasión de este pequeño insecto es mezclar bicarbonato de sodio con azúcar y colocarlo en cualquier recoveco que le pueda servir de refugio.

APÉNDICES

CONCLUSIÓN

Hay varios insectos de los que no he hablado en este libro. He intentado ofrecerte el mayor número de soluciones posibles para los que son más comunes en nuestra vida cotidiana. Si hay un punto de todo este libro que me gustaría destacar, es el hecho de que cada animalito tiene su lugar en nuestro universo, porque tiene un papel que desempeñar en la biodiversidad. Aunque no nos gusten ciertos insectos, nos den miedo o seamos alérgicos a ellos, es mejor encontrar soluciones pacíficas que querer matarlos siempre.

No es fácil superar tus miedos, sobre todo cuando te enfrentas a una hermosa araña con 8 patas peludas y, sin embargo, la que más miedo tiene es sin duda la más pequeña de las dos. Cuando la gente me decía: *«El pez grande se come al chico»*, solía pensar que era muy fácil decirlo pero que, una vez que estás en la situación y cunde el pánico, es difícil mantener la calma. Hay que trabajárselo mucho para superar los miedos.

Estaba pensando en esto hace unos días: acababa de sacar del cuarto de baño unos pantalones que había colgado el día anterior y, mientras me los ponía, oí algo parecido a un *«ploc»*. Mis ojos no tardaron en encontrar la fuente del ruido. Era una preciosa y compacta araña del tamaño de una moneda de 2 euros. En el pasado, habría cogido una de mis chanclas y la habría matado. En lugar de eso, la atrapé con un vaso y la tiré... Eso demuestra que todo es posible.

A este respecto, mi marido quiere compartir contigo un poco de información adicional sobre cómo atrapar arañas sin matarlas: utiliza un vaso de cristal para poder vigilarla antes de sacarla y, sobre todo, utiliza cartón que no se doble, pues de lo contrario corres el riesgo de perder a tu cautiva en el camino hacia la ventana o la puerta. Eso es todo. Le ha parecido importante decírtelo.

¡Espero que encontréis mucha armonía con los bichitos de vuestros hogares!

Chloé Metahri

ÍNDICE

LUGARES FAVORITOS Y PREFERENCIAS DE LOS BICHOS

LAS CONSECUENCIAS Y LOS DAÑOS POTENCIALES

SOLUCIONES NATURALES

MÉTODOS PREVENTIVOS

REPELENTES NATURALES

REMEDIOS